कैफ़ी आज़मी

कैफ़ी आज़मी एक व्यक्ति न होकर एक पूरा युग हैं और उनके कलाम में से पिछले साठ बरस की ज़िन्दगी अपनी सबसे ज्यादा ताक़तवर आवाज़ में बोलती है। कहना न होगा कि यह आवाज़ बिलकुल सच्ची है, इसमें कहीं कोई झूठ-फरेब नहीं—इसलिए यह आज भी उतनी ही ज़्यादा असरदार है। मशहूर लेखक और पत्रकार खुशवन्त सिंह ने कैफ़ी आज़मी को 'आज की उर्दू शायरी का बादशाह' करार दिया है—और सचमुच वे हैं भी। उन्होंने एक ज़माने से जितना लिखा है, वह एक तरफ़ आम आदमी की तकलीफों को न सिर्फ बड़े प्रभावी शब्दों में सामने रखता है बल्कि उन्हें अपने हक़ के लिए लड़ने की ताक़त भी देता है, वहाँ दूसरी तरफ उर्दू शायरी के प्रमुख विषय, हुस्न और इश्क, के लिए भी एक से एक बढ़कर नज़राने पेश करता है। उन्होंने फिल्मों के लिए भी बहुत से गीत लिखे जो आम और खास दोनों द्वारा बहुत पसन्द किए गए।

इस पुस्तक में उनकी चुनी हुई शायरी पेश की गई है। उनका परिचय उनकी बेटी प्रसिद्ध अभिनेत्री और समाज सेविका शबाना आज़मी करा रही हैं— जो अपने आप में परिचय-लेखन की एक मिसाल है। यह उन्होंने अंग्रेज़ी में लिखा था और इसका खूबसूरत तर्जुमा जावेद अख्तर साहब ने किया है।

आज के प्रसिद्ध शायर

कैफ़ी आज़मी

चुनी हुई नज़्में, ग़ज़लें, शे'र और जीवन-परिचय

परिचय

शबाना आज़मी

राजपाल

स्थापित 1912
100 वर्षों की
श्रेष्ठ प्रकाशन परम्परा
राजपाल

₹ 250

ISBN : 9788170289784

AAJ KE PRASIDDH SHAYAR : KAIFI AZMI

(Selected Poetry and Life-Sketch)

मुद्रक : शिव शक्ति प्रिंटर्स, दिल्ली

राजपाल एण्ड सन्ज़

1590, मदरसा रोड, कश्मीरी गेट, दिल्ली-110006

फोन : 011-23869812, 23865483, 23867791

e-mail : sales@rajpalpublishing.com

www.rajpalpublishing.com

www.facebook.com/rajpalandsons

अब्बा

शबाना आज़मी

वो कभी दूसरों जैसे थे ही नहीं, लेकिन बचपन में ये बात मेरे नन्हें से दिमाग में समाती नहीं थी...न तो वे आफ़िस जाते थे, न अंग्रेज़ी बोलते थे और न दूसरों के डैडी और पापा की तरह पैन्ट और शर्ट पहनते थे–सिर्फ सफ़ेद कुर्ता-पजामा। वो 'डैडी' या 'पापा' के बजाय 'अब्बा' थे–ये नाम भी सबसे अलग ही था–मैं स्कूल में अपने दोस्तों से उनके बारे में बात करते कुछ कतराती ही थी–झूट-मूट कह देती थी–वो कुछ 'बिज़नेस' करते हैं–वर्ना सोचिए, क्या यह कहती कि मेरे अब्बा शायर हैं? शायर होने का क्या मतलब? यही न कि कुछ काम नहीं करते !

बचपन में मुझे अपने माँ-बाप की बेटी होने की वजह से कुछ अनोखे तजुर्बे भी हुए, जैसे कि जिस अंग्रेज़ी स्कूल में मेरा दाख़िला कराया जा रहा था, वहाँ शर्त थी कि वही बच्चे दाख़िला पा सकते हैं जिनके माँ-बाप को अंग्रेज़ी आती हो–और क्योंकि मेरे माँ-बाप अंग्रेज़ी नहीं जानते थे इसलिए मेरे दाख़िले के लिए मशहूर शायर सरदार जाफ़री की बीवी सुल्ताना जाफ़री मेरी माँ बनीं और अब्बा के एक दोस्त मुनीश नारायण सक्सेना ने मेरे अब्बा का रोल किया। दाखिला तो मिल गया मगर कई बरस बाद मेरी वाइस प्रिन्सिपल ने मुझे बुला के कहा कि कल रात उन्होंने एक मुशायरे में मेरे अब्बा को देखा और वो उन अब्बा से बिल्कुल अलग लग रहे थे जो 'पेरेन्ट्स डे' पर स्कूल आते हैं। एक पल तो मेरे पैरों तले ज़मीन निकल गई, फिर मैंने जल्दी से कहानी गढ़ी कि पिछले दिनों टायफ़ॉइड होने की वजह से अब्बा अचानक इतने दुबले हो गए हैं कि पहचाने नहीं जाते–बेचारी वाइस प्रिन्सिपल मान गई और मैं बाल-बाल बच गई।

अब्बा को छुपाकर रखना ज़्यादा दिन मुमकिन न रहा। उन्होंने फिल्मों में गीत लिखना शुरू कर दिए थे और एक दिन मेरी एक दोस्त ने क्लास में आकर बताया कि उसने मेरे अब्बा का नाम अखबार में पढ़ा है। बस, उस पल के बाद बाज़ी पलट गई–जहाँ शर्मिंदगी थी, वहाँ गौरव आ गया। चालीस बच्चे थे क्लास में मगर किसी

और के डैडी या पापा का नहीं, मेरे अब्बा का नाम छपा था अखबार में। अब मुझे उनका सबसे अलग तरह का होना भी अच्छा लगने लगा। वो सबकी तरह पैन्ट-शर्ट नहीं, सफेद कुर्ता-पाजामा पहनते हैं—जी! अब मैं उस काले रंग की गुड़िया से भी खेलने लगी जो उन्होंने मुझे कभी लाकर दी थी और समझाया था कि सारे रंगों की तरह काला रंग भी बहुत सुन्दर होता है। मगर मुझे तो सात बरस की उम्र में वैसी ही गुड़िया चाहिए थी जैसी मेरी सारी दोस्तों के पास थी—सुनहरे बालों और नीली आखों वाली। मगर अब जब कि मुझे सबसे अलग अब्बा अच्छे लगने लगे तो फिर उनकी दी हुई सबसे अलग गुड़िया भी अच्छी लगने लगी और जब मैं अपनी काली गुड़िया लेकर पूरे आत्मविश्वास के साथ अपनी दोस्तों के पास गई और उन्हें अपनी गुड़िया के गुण बताए तो उनकी सुनहरे बालों और नीली आँखों वाली गुड़िया उनके दिल से उतर गई। ये सबसे पहला सबक था जो अब्बा ने मुझे सिखाया, कि कामयाबी दूसरों की नक़्ल में नहीं, आत्मविश्वास में है।

हमारे घर का माहौल बिल्कुल 'बोहिमियन' था। नौ बरस की उम्र तक मैं अपने माँ-बाप के साथ कम्युनिस्ट पार्टी के 'रेड फ्लैग हॉल' में रहती थी। हर कामरेड परिवार को एक कमरा दिया गया था। बाथरूम वगैरह तो कॉमन था। पार्टी मैम्बर होने के नाते पति-पत्नी की ज़िन्दगी आम ढर्रे से जरा हट के थी। ज्यादातर पत्नियाँ वर्किंग वुमन थीं—तो बच्चों को सम्भालना कभी माँ की ज़िम्मेदारी होती, कभी बाप की। मम्मी पृथ्वी थियेटर्स में काम करती थीं और अक्सर उन्हें टूर पर जाना होता था—तो उन दिनों मेरे छोटे भाई बाबा और मेरी सारी ज़िम्मेदारी अब्बा पर आ जाती थी।

मम्मी ने ये काम शुरू तो आर्थिक जरूरतों से किया था क्योंकि अब्बा जो कमाते थे वो पार्टी को दे देते थे। पार्टी उन्हें महीने का चालीस रुपए 'अलाउन्स' देती थी। चालीस रुपए और चार लोगों का परिवार ! बाद में हमारे हालात थोड़े बेहतर हो गए। फिर हम लोग जानकी कुटीर में रहने आ गए मगर मम्मी ने थियेटर में काम जारी रखा। उनकी थियेटर में बहुत प्रशंसा होती थी और उन्हें भी अपने काम से बहुत प्यार था। मुझे याद है, महाराष्ट्र स्टेट प्रतियोगिता के लिए वो एक ड्रामा 'पगली' की तैयारी कर रही थीं और अपने रोल में इतने खोई रहती थीं कि वो डायलॉग 'पगली' के अन्दाज़ में बोलने लगती थीं, कभी धोबी से हिसाब लेते हुए, कभी रसोई में खाना पकाते हुए। मुझे लगा, मेरी माँ सचमुच पागल हो गई हैं। मैं रोते हुए अब्बा के पास गई जो अपनी मेज़ पर बैठे कुछ लिख रहे थे। अपना काम छोड़कर वे मुझे समन्दर के किनारे ले गए। रेत पर चलते-चलते उन्होंने मुझे समझाया कि मम्मी को कितने कम वक़्त में कितने बड़े ड्रामे की तैयारी करनी पड़ रही है और हम सबका, परिवार के हर सदस्य का, ये कर्तव्य है कि वो उनकी मदद करे, वर्ना वो इतनी बड़ी प्रतियोगिता में कैसे जीत पाएँगीं ! बस, फिर क्या था—मैंने जैसे सारी जिम्मेदारी अपने सर ले ली और जब मम्मी को 'बैस्ट एक्ट्रेस' का अवार्ड

कैफ़ी आज़मी और शबाना—साथ में शौकत आज़मी और बेटा, बाबा (23 मई 1972, शादी की पच्चीसवीं सालगिरह पर लिया गया चित्र)

मिला महाराष्ट्र सरकार से, तो मैं ऐसे इतरा रही थी जैसे अवार्ड मम्मी ने नहीं, मैंने जीता हो। मम्मी को डायलॉग याद कराने की ज़िम्मेदारी अब्बा ने हमेशा अपनी समझी है—आज भी अगर मम्मी किसी ड्रामे या फिल्म में काम करें तो अब्बा पूरी ज़िम्मेदारी से बैठ के उन्हें याद करने के लिए डायलॉग्स के 'क्यूज़' देते हैं।

मेरी माँ भी अब्बा की ज़िन्दगी में पूरी तरह हिस्सा लेती रही हैं। शादी से पहले उन्हें अब्बा पसन्द तो इसलिए आए थे कि वो एक शायर थे मगर शादी के बाद उन्होंने बहुत जल्दी ये जान लिया कि कैफ़ी साहब जैसे शायरों को बीवी के अलावा भी अनगिनत लोग चाहते हैं। ऐसे शायर पर उसके घरवालों के अलावा दूसरों का भी हक़ होता है (और हक़ जतानेवालों में अच्छी ख़ासी तादाद ख़वातीन की होती है)। याद आता है, मैं शायद दस या ग्यारह बरस की होऊँगी जब हमें एक बड़े इन्डस्ट्रियलिस्ट के घर में एक शाम दावत दी गई थी। उन साहब की खूबसूरत बीवी, जिनका उस ज़माने की सोसायटी में बड़ा नाम था, इतरा के कहने लगीं—'कैफ़ी साहब, मेरी फ़रमाइश है वही नज़्म 'दो निगाहों का... समथिंग समथिंग।'' फिर दूसरों की तरफ देखकर फ़रमाने लगीं—'पता है दोस्तो, ये नज़्म कैफ़ी साहब ने मेरी तारीफ़ में लिखी है'—और अब्बा बगैर पलक झपकाए बड़े आराम से वो नज़्म सुनाने लगे, जो मुझे अच्छी तरह पता था कि उन्होंने मम्मी के लिए लिखी थी और मैं अपनी

माँ की तरफदारी में आगबबूला होकर चिल्लाने लगी—'ये झूठ है। ये नज़्म तो अब्बा ने मम्मी के लिए लिखी है, उस औरत के लिए थोड़ी।' महफिल में एक पल तो सन्नाटा-सा छा गया। लोग जैसे बगलें झाँकने लगे। फिर मम्मी ने मुझे डांट के चुप कराया। सोचती हूँ, ये डांट दिखावे की ही रही होगी, दिल में तो उनके लड्डू फूट रहे होंगे। बाद में मम्मी ने मुझे समझाया भी कि शायरों का अपने चाहने वालों से एक रिश्ता होता है। अगर वो बेचारी समझ रही थी कि वो नज़्म उसके लिए लिखी गई तो समझने दो, कोई आसमान थोड़ी टूट पड़ेगा। ख़ैर, अब उस बात को बहुत बरस हो गए लेकिन हाँ, कैफ़ी साहब ये नज़्म उन मेम साहब को दोबारा नहीं सुना सके और वो मैडम आजतक मुझसे ख़फ़ा हैं।

अब्बा की महिला दोस्तों में जो मुझे सबसे ज्यादा अच्छी लगती थीं, वो थीं बेगम अख़्तर। वो कभी-कभी हमारे घर पर ठहरती थीं। वैसे तो जोश मलीहाबादी, रघुपति सहाय 'फ़िराक़' और फैज़ अहमद 'फैज़' भी हमारे यहाँ मेहमान रहे हैं, जबकि हमारे घर में न तो कोई अलग कमरा था मेहमानों के लिए, न ही अटैच्ड बाथरूम। मगर ऐसे फनकारों को अपने आराम-वाराम की परवाह कहाँ होती है ! उनके लिए दोस्ती और मोहब्बत पाँच-सितारा होटलों से बड़ी चीजें होती हैं। उन लोगों के आने पर जो महिफ़लें सजा करती थीं, उनका अपना एक जादू होता था और उनकी बातें मनमोहिनी हालाँकि मेरी समझ में कुछ ज़्यादा नहीं आती थीं, मगर वो शब्द कानों को संगीत जैसे लगते थे। मैं हैरान उन्हें देखती थी, सुनती थी, और वो नदियों की तरह बहती हुई बातें, गिलासों की झंकार, वो सिगरेट के धुएँ से धुँधलाता कमरा...। कभी अब्बा ने मुझसे नहीं कहा, 'जाओ, बहुत देर हो गई है, सो जाओ' या 'बड़ों की बातों में क्यों बैठी हो।' हाँ, मुझे इतना वादा ज़रूर करना पड़ता था कि अगले दिन सुबह-सुबह उठकर स्कूल जाने की ज़िम्मेदारी मेरी है। मुझे हमेशा ये यकीन दिलाया जाता रहा कि मैं समझदार हूँ और अपने फ़ैसले खुद कर सकती हूँ।

फिर मैं मुशायरों में भी जाने लगी। साहिर साहब बहुत लोकप्रिय थे, सरदार जाफ़री का बड़ा सम्मान था, मगर कैफ़ी आज़मी की एक अलग बात थी। वो मुशायरे के बिल्कुल आखिर में पढ़ने वाले चन्द शायरों में से एक थे। उनकी गूँजती हुई गहरी आवाज़ में एक अजीब शक्ति, एक अजीब जोश, एक अजीब आकर्षण था। मेरा छोटा भाई बाबा और मैं दोनों आम तौर से मुशायरे के स्टेज पर गावतकियों के पीछे सो चुके होते थे और फिर तालियों की गूँज में आँख खुलती जब कैफ़ी साहब का नाम पुकारा जा रहा होता था। अब्बा के चेहरे पर लापरवाही-सी रहती। मैंने उन्हें कभी न उन तालियों पर हैरान होते देखा, न ही बहुत खुश होते। मम्मी की तो ये हमेशा शिकायत रही कि मुशायरे से आकर ये नहीं बताते कि मुशायरा कैसा रहा, बहुत कुरेदिए तो इतना जवाब जरूर मिल जाता था—'ठीक था', इससे ज्यादा कुछ नहीं।

परिवार : (बायें से) जावेद अख़्तर, शबाना आज़मी, तन्वी (बेटे की पत्नी) और बेटा, बाबा आज़मी, (बैठी हुई) शौकत आज़मी (जानकी कुटीर, मुंबई, में लिया गया चित्र)

मैं शायद सत्तरह-अट्ठारह साल की थी। वो एक मुशायरे से वापस आए और मैं बस पीछे ही पड़ गई ये पूछने के लिए कि उन्होंने कौन सी नज़्म सुनाई और लोगों को कैसी लगी। मम्मी ने धीरे से कहा कि 'कोई फायदा नहीं पूछने का'—मगर मुझे भी ज़िद हो गई थी कि जवाब लेकर रहूँगी। अब्बा ने मुझे अपने पास बिठाया और कहा, 'छिछोरे लोग अपनी तारीफ़ करते हैं, जिस दिन मुशायरे में बुरा पढ़ूँगा, उस दिन आकर बताऊँगा।' उन्होंने कभी अपने काम या कामयाबी की नुमाइश नहीं की। गाना रिकार्ड होता तो कभी उसका कैसेट घर नहीं लाते थे। आज के गीतकार तो अक्सर अपने गीत ज़बरदस्ती सुनाते भी हैं और ज़बरदस्ती दाद भी वसूल करते हैं। लेकिन अब्बा कभी क़लम कागज़ पर नहीं रखते जब तक कि 'डेडलाइन' सर पर न आ जाए, और फिर फ़िज़ूल कामों में अपने को उलझा लेते जैसे कि अपनी मेज़ की सभी दराज़ें साफ़ करना, कई ख़त जो यूँ ही पड़े थे उनका जवाब देना—मतलब ये कि जो लिखना है उसके अलावा और सब कुछ। मगर शायद ये सब करते हुए कहीं उनकी सोच कि जो लिखना है उसे भी चुपके-चुपके लफ़्ज़ों के साँचे में ढालती रहती है। फिर जब लिखना शुरू किया तो भले घर में रेडियो बज रहा हो, बच्चे

शोर मचा रहे हों, घर के लोग ताश खेल रहे हों, हंगामा हो रहा हो—कोई फ़र्क नहीं पड़ता। कभी ऐसा नहीं हुआ कि घर पर खामोशी का हुक्म हो गया कि अब्बा काम कर रहे हैं। लिखते वक़्त उनकी 'स्टडी' का दरवाज़ा भी खुला रहता है, यानी उस पल में भी दुनिया से रिश्ता कम नहीं होने देते। एक बार मैंने उनकी मेज़ कमरे के दूसरे कोने में रखनी चाही कि यहाँ उन्हें बाहर के शोर, दूसरों की आवाजों से कुछ तो छुटकारा मिलेगा। मम्मी ने कहा, 'बेकार है, कैफ़ी अपनी मेज़ फिर यहीं दरवाज़े के पास ले आएँगे'—और ऐसा ही हुआ।

वो लिखते सिर्फ 'माउन्ट ब्लान्क' क़लम से हैं। उस कम्पनी के न जाने कितने क़लम उनके पास हैं। ये उनका कुल ख़ज़ाना है जिसे अक्सर निकालकर निहायत मोहब्बत-भरी निगाहों से देखते और फिर सारे 'माउन्ट ब्लान्क' कलम ताले-चाबी में रख दिए जाते हैं। मेरी एक दोस्त ने मुझे एक 'माउन्ट ब्लान्क' दिया, वो भी जब्त करके ख़ज़ाने में दाखिल कर लिया गया जबकि ठीक ऐसे तीन पेन पहले से ख़ज़ाने में मौजूद थे। अब्बा ने मेरी दोस्त को एक प्यारा सा ख़त लिखकर अच्छी तरह समझा दिया कि उसका भेजा हुआ पेन मेरे बजाए अब्बा के पास कहीं ज्यादा सुरक्षित रहेगा।

ये न जाने कितने वर्षों से हो रहा है और हर बरस होता है कि अब्बा मुझे पहली अप्रैल को किसी न किसी तरह 'अप्रैल फ़ूल' बना ही देते हैं। हर साल मैं मार्च के महीने से ही अपने आप से कहना शुरू कर देती कि इस बार मुझे किसी झांसे में नहीं आना है, मगर क्या मेरी भी क़िस्मत है कि किसी न किसी वजह से ठीक पहली अप्रैल को ये बात मेरे ख़्याल से निकल जाती है और किसी न किसी तरह वो मुझे एक बार फिर 'अप्रैल फ़ूल' बना देते हैं। कम लोग ये जानते हैं कि अब्बा में बहुत जबरदस्त 'सेन्स ऑफ ह्यूमर' भी है। लोगों की नक़लें भी उतार लेते हैं। घर में घरवालों के बारे में जो चुटकुले बनते हैं, उनको बार-बार सुनते हैं और बार-बार हँसते-हँसते उनकी आँखों से आँसू बहने लगते हैं, खास तौर पर जब मम्मी पूरी एक्टिंग के साथ ये क़िस्से दोहराती हैं। तो मानना मुश्किल होगा कि उनका एक रूप ऐसा भी है।

एक दिन मुझे उनकी आँखों में दवा डालनी थी, मगर कैसे डालती, एक तो उनकी आँखें यूँ ही छोटी हैं, फिर जैसे ही मैं दवा डालना चाहूँ, पलकें इतनी ज़्यादा झपकाते हैं कि कभी नाक में चली जाए, कभी कान के पास। मैं फिर भी कोशिश में थी कि उन्होंने मेरा हाथ पकड़कर मुझे रोका और एक कहानी सुनाई—'एक था राजकुमार जिसका बाप यानी राजा बहुत परेशान था कि बेटा कोई भी काम नहीं कर पाता। राजा के पास एक गुरु आया और उसने कहा कि वो राजकुमार को तीर चलाने का हुनर सिखाएगा। छः महीने बाद जब उसने अपना कमाल दिखाने की कोशिश की तो तीर महल के चारों ओर जा रहे थे, सिवाय उस तख़्त के जहाँ

राजकुमार को निशाना लगाना था। राजा और गुरु के लिए उन तीरों से बचना मुश्किल हो रहा था। राजा ने पूछा, गुरु जी, राजकुमार के इन उल्टे-सीधे तीरों से कैसे बचा जाए? गुरु ने कहा, महाराज, आइए, उस निशाने वाले तख़्त के सामने खड़े हो जाते हैं—लगता है, वही एक जगह है जहाँ अपने राजकुमार के तीर कभी नहीं आएँगे।' इससे पहले कि मैं कुछ कहती, अब्बा ने कहा—'ऐसा करो, तुम दवा मेरे कान में डालने की कोशिश करो, आँख में ख़ुद-ब-ख़ुद चली जाएगी।'

अब्बा को अच्छे खाने का बेहद शौक है और उन्हें पूरा यक़ीन है कि अच्छा खाना सिर्फ यू.पी. का होता है। शादी के बावन बरस हो गए मगर मम्मी उन्हें हैदराबादी खाना नहीं खिला सकीं। घर में जब हैदराबाद की खट्टी दाल बनती है तो अब्बा के लिए अलग यू.पी. की दाल होती है। टेबल पर खाना अपनी प्लेट में कभी ख़ुद नहीं निकालेंगे, न आपको बताएँगे कि उन्हें क्या चाहिए। मम्मी को बस पता नहीं कैसे पता चल जाता है कि उन्हें प्लेट में क्या चाहिए और कितना। जब मैं उनकी इस दादागिरी के खिलाफ़ कुछ कहने की कोशिश करती हूँ तो वो बताती हैं कि उन्हें अब्बा की अम्मा यानी मेरी दादी ने कहा था कि कैफ़ी को हमेशा तुम खुद ही प्लेट में खाना निकालकर देना, नहीं तो भूखे ही टेबल से उठ जाएँगे। सास की नसीहत को बहू ने आज तक याद रखा है। अब्बा सिर्फ़ उस वक़्त खाने की मेज़ पर ये कहते हैं कि उन्हें और चाहिए जब मैंने कुछ अपने हाथ से पकाया हो। खाना पकाने का फ़न आज तक मुझे नहीं आया है। घर के बाक़ी लोग जहाँ तक हो सके मेरे बनाए पकवान से बच निकलने की ही कोशिश करते हैं, मगर अब्बा ऐसे मज़े ले के खाते हैं जैसे अवध के किसी शाही दस्तरख़्वान का बेहतरीन खाना हो। सच कहूँ तो उनका ये लाड़ हर बार मेरे दिल को अच्छा ही लगता है।

अब्बा और जावेद में बहुत सी बातें एक जैसी हैं। दोनों को तमीज़-तहज़ीब का बहुत ख़्याल रहता है। दोनों बहुत तकल्लुफ़पसन्द हैं, दोनों को घटिया बात और ख़राब शायरी बर्दाश्त नहीं है। दोनों को राजनीति से गहरी दिलचस्पी है और उसकी समझ है। एक ज़माना था कि मैं अपने आपको जानबूझ कर राजनीति की बातों से दूर रखती थी, यहाँ तक कि अख़बार भी नहीं पढ़ती थी। शायद ये एक रिएक्शन था क्योंकि दिन भर घर में यही बातें होती रहती थीं, मगर जब जावेद से मेरी दोस्ती बढ़ी और मैंने अब्बा और जावेद की आपस में राजनीति पर घण्टों बातें सुनीं तो धीरे-धीरे मेरा ध्यान भी उन बातों में लगने लगा। ये बात अजीब है मगर सच है कि मैं जैसे-जैसे जावेद को जान रही थी, वैसे-वैसे अब्बा को जैसे दोबारा पहचान रही थी। उर्दू शायरी से दिलचस्पी, राजनीति के बारे में एक खास तरह की सोच—जो भी मुझे जावेद से मिल रहा था वो एक बार फिर मुझे अपनी उन्हीं जड़ों की तरफ ले जा रहा था जो मेरा और मेरे अब्बा का एक मज़बूत रिश्ता थीं।

जब जावेद और मैं एक दूसरे के पास आ रहे थे, मेरी माँ इस बात से बिल्कुल

खुश नहीं थीं क्योंकि जावेद शादीशुदा थे। मेरे दूसरे दोस्तों और घरवालों का भी यही कहना था कि इसका अंजाम सिवाय दुख के कुछ नहीं हो सकता। एक दिन मैंने धड़कते दिल के साथ अब्बा से पूछ लिया कि क्या आप भी यही समझते हैं कि जावेद मेरे लिए सही इन्सान नहीं हैं। उन्होंने कहा—"जावेद तो सही हैं लेकिन उनके हालात सही नहीं हैं।" मैंने कहा, "उनके हालात तो बदल जाएँगे। आप विश्वास कीजिए कि जब मेरा जावेद की ज़िन्दगी में गुज़र नहीं था—उनकी शादी तब भी टूटने ही वाली थी।" उन्होंने मेरी बात पर यक़ीन कर लिया और खामोशी से मेरे फ़ैसले को मान लिया। कभी-कभी सोचती हूँ, अगर उन्होंने मुझे सख़्ती से मना कर दिया होता तो मैं क्या करती—क्या मुझ में हिम्मत होती कि उनके ख़िलाफ जाऊँ ? बात ये नहीं कि मैं उनसे डरती हूँ, बात ये है कि मुझे यक़ीन है कि वो जो कुछ कहते हैं, बहुत सोच-समझ कर कहते हैं। उनकी राय पूरी ईमानदारी और समझदारी की होती है।

मैंने जब इस दुनिया में आँखें खोलीं तो जो पहला रंग मैंने देखा वो रंग था—लाल ! मैं बचपन में अपने माँ-बाप के साथ 'रेड फ़्लैग हॉल' में रहती थी, जहाँ बाहर के दरवाज़े पर ही एक बड़ा-सा लाल झण्डा लहराता रहता था। जरा सी बड़ी हुई तो बताया गया कि लाल रंग मज़दूरों का रंग है। मेरा बचपन या तो अपनी माँ के साथ पृथ्वी थियेटर के ग्रुप के साथ अलग-अलग शहरों के सफ़र में गुज़रा या अपने बाप के साथ मज़दूर-किसानों के जलसों में—मदनपुरा बम्बई की एक बस्ती है जहाँ मैं अब्बा के साथ ऐसे जलसों में जाती थी। हर तरफ लाल झण्डे, गूँजते हुए नारे और अन्याय के खिलाफ शायरी और फिर गूँजता हुआ—इन्क़लाब ज़िन्दाबाद। बचपन में मुझे अब्बा के साथ मज़दूरों के ऐसे जलसों में जाना इसलिए भी अच्छा लगता था कि मज़दूर कैफ़ी साहब की बच्ची को खूब लाड़ करते थे। अब सोचती हूँ तो अजीब लगता है। आज मैं जब किसी जुलूस या प्रदर्शन या पदयात्रा या भूख हड़ताल में होती हूँ तो सोचती हूँ, यही सब तो मैंने अपने बचपन में देखा था। पेड़ कितना भी उगे, अपनी जड़ों से अलग थोड़े ही हो सकता है! कुछ बरस पहले मैं बम्बई के झुग्गी-झोपड़ी वालों के हक़ के लिए एक भूख हड़ताल में बैठी थी—चौथा दिन था, मेरा ब्लड प्रैशर काफ़ी कम हो गया था लेकिन लगता था, न सरकार हमारी बात मानेगी न हम भूख हड़ताल तोड़ेंगे। मम्मी बहुत परेशान थीं मगर अब्बा ने, जो उस वक्त पटना में थे, मुझे टेलीग्राम भेजा—'बेस्ट ऑफ लक, कॉमरेड।'

मैं देहली से मेरठ तक एक सांप्रदायिकता-विरोधी पदयात्रा पर जानेवाली थी। जाने से पहले घरवालों से मिलने आई। मुझे लोगों ने डराया था कि यू.पी. की सड़कों पर फिल्म एक्ट्रेस ऐसे निकले तो लोग कपड़े तक फाड़ सकते हैं। पत्थर चल जायें,

कुछ भी हो सकता है। मेरे दिल में कहीं कुछ घबराहट थी और वही फ़िक्र और घबराहट मुझे अपने परिवार के चेहरों पर भी दिखाई दे रही थी। मम्मी, मेरा भाई बाबा, उनकी बीवी तन्वी और जावेद सभी मौजूद थे, लेकिन कोई कुछ कह नहीं रहा था। मैं अब्बा के कमरे में गई। मैंने पीछे से उनके गले में बाँहें डाल दीं। उन्होंने मुझे गले से लगा लिया, फिर मेरे चेहरे को हाथों में लेकर ग़ौर से देखा और कहा, "क्या मेरी बहादुर बेटी डर रही है ? जाओ, तुम्हें कुछ नहीं होगा।" मुझे ऐसा लगा जैसे मेरे अंदर एक नया विश्वास, एक नई शक्ति आ गई हो। ये लिखने की शायद ज़रूरत नहीं कि वो पदयात्रा बहुत कामयाब रही मगर इसलिए लिख रही हूँ कि ये एक और मिसाल है कि जब उन्होंने जो मुझसे कहा, वही ठीक निकला।

बाप होने के नाते तो अब्बा मुझे ऐसे लगते हैं जैसे एक अच्छा बाप अपनी बेटी को लगेगा, मगर जब उन्हें एक शायर के रूप में सोचती हूँ तो आज भी उनकी महानता का समन्दर अपरम्पार ही लगता है। मैं ये तो नहीं कहती कि मैं उनकी शायरी को पूरी तरह समझती हूँ और उसके बारे में सब कुछ जानती हूँ, मगर फिर भी उनके शब्दों से जो तस्वीरें बनती हैं, उनके शेरों में जो ताक़त छुपी होती है, उनकी सोच का जो विस्तार है, वो मुझे हैरान-सा कर देता है। वो अपने दुख और अपने ग़म को भी दुनिया के दुख-दर्द से मिलाकर देखते हैं। उनके सपने सिर्फ़ अपने लिए नहीं, दुनिया के इन्सानों के लिए हैं। चाहे वह झोपड़पट्टी वालों के लिए काम हो या नारी अधिकार की बात या सांप्रदायिकता के विरुद्ध मेरी कोशिश, उन सब रास्तों में अब्बा की कोई न कोई नज़्म मेरी हमसफ़र है। वो 'मकान' हो, 'औरत' हो या 'बहरूपनी'—ये वो मशालें हैं जिन्हें लेकर मैं अपने रास्तों पर चलती हूँ। दुनिया में कम लोग ऐसे होते हैं जिनकी कथनी और करनी एक होती है। अब्बा ऐसे इंसान हैं—उनके कहने और करने में कोई अंतर नहीं है। मैंने उनसे ये ही सीखा है कि सिर्फ़ सही सोचना और सही कहना ही क़ाफ़ी नहीं, सही कर्म भी होने चाहिए।

मैं समझती हूँ, कैफ़ी आज़मी को तब तक पूरी तरह नहीं समझा जा सकता जब तक कि हम आजमगढ़ के पास बसे उनके छोटे से गाँव मिजवाँ से उनका रिश्ता और मिजवाँ में जो काम उन्होंने किए हैं, वो न जानें।

अब्बा ने अपना गाँव मिजवाँ बहुत लड़कपन में छोड़ा था और एक बार बहुत कम वक़्त के लिए सिर्फ़ तब लौटे थे जब उनका पहला बच्चा चार महीने का था (वो बच्चा इस दुनिया में सिर्फ़ एक साल के लिए ही था)। फिर देश का विभाजन हुआ और अब्बा के सारे रिश्तेदार एक-एक करके पाकिस्तान चले गए। अब्बा बम्बई में थे और मिजवाँ से रिश्ता कुछ टूट-सा गया। 1973 में ब्रेन हैमरेज हुआ जिस से उनके बाएँ हाथ और पैर पर काफ़ी असर भी हुआ। उसके बाद बस जैसे उनके

दिल में मिजवाँ की मोहब्बत एक बार फिर जाग उठी। हर वक़्त मिजवाँ को याद करते। आख़िर मम्मी उन्हें मिजवाँ ले ही गईं। ये उनकी ज़िन्दगी का एक नया मोड़ साबित हुआ। अब्बा ने देखा कि मिजवाँ में वक़्त जैसे न जाने कब से थमा हुआ है—सब वही है जो पहले था, बस इतना फ़र्क़ हुआ है, जिस घर में वो जन्मे थे, पले-बढ़े थे, अब उसमें उनके दूर के कोई रिश्तेदार रह रहे थे, उनकी ज़मीन अब कोई और लोग जोत रहे हैं। अब्बा ने किसी को कहीं से निंकाला नहीं। कम्युनिस्ट होने के नाते उनका मानना है कि ज़मीन उसी की है जो उस पर हल चलाता है। मैंने पहले भी लिखा है कि कैफ़ी साहब की कथनी और करनी में कोई फ़र्क़ नहीं है, वो शायर जिसने पैंतालीस बरस पहले लिखा था—

ज़िन्दगी जेहृद में है, सब्र के क़ाबू में नहीं
नब्ज़े हस्ती का लहू काँपते आँसू में नहीं
उड़ने खुलने में है नकहत, ख़मे गेसू में नहीं
जन्नत इक और है जो मर्द के पहलू में नहीं

उसकी आज़ाद रविश पर भी मचलना है तुझे
उठ मेरी जान, मेरे साथ ही चलना है तुझे

उस शायर ने हमेशा अपनी बीवी और बेटी को यही सिखाया है कि उनमें आत्मविश्वास हो और वो अपने पैरों पर खड़ी हों, अपने सपनों को साकार करें। वो शायर जिनकी ज़िन्दगी उसी सितम के बारे में, कि मज़दूर मकान बनाता है मगर उसके अपने लिए मकान नहीं होता, एक नज़्म लिखी है—'मकान'

बन गया क़स्र तो पहरे पे कोई बैठ गया
सो रहे ख़ाक पे हम शोरिशे तामीर लिए
अपनी नस-नस में लिए मेहनते पैहम की थकन
बन्द आँखों में इसी क़स्र की तस्वीर लिए
दिन पिघलता है इसी तरह सरों पर अब तक
रात आँखों में खटकती है सियह तीर लिए

आज की रात बहुत गर्म हवा चलती है
आज की रात न फुटपाथ पे नींद आएगी
सब उठो, मैं भी उठूँ, तुम भी उठो, तुम भी उठो
कोई खिड़की इसी दीवार में खुल जाएगी

'मकान' का शायर ज़िन्दगी भर खुद एक किराए के मकान में रहा है। वो

शायर जिसने साम्प्रदायिकता के खिलाफ 'बहरूपनी' जैसी नज़्म लिखी, रामजन्म भूमि-बाबरी मस्जिद का क़िस्सा बहुत गर्म था तो साम्प्रदायिक एकता के लिए अयोध्या की सड़कों पर अपनी इसी हालत में मार्च करने गया—कई दूसरे लोगों की तरह किसी ड्राइंग रूम या किसी पाँच-सितारा होटल में देश की हालत पर चिन्ता नहीं जताई।

कैफ़ी साहब की ज़िन्दगी एक ऐसे इन्सान, एक ऐसे शायर की कहानी है जिसने ज़िन्दगी को पूरी तरह भरपूर जी के देखा है और बयासी बरस की उम्र में भी उनके हौसलों में कोई थकन नहीं दिखाई देती।

8 फरवरी 1973 को उन पर फ़ालिज का असर हुआ था। हम सबको लगा था कि शायद आइन्दा वो कुछ न कर सकें। पाँच दिन बाद उन्हें होश आया—वो मुश्किल से बोल सकते थे। उसी हालत में उन्होंने शमा ज़ैदी को एक नज्म लिखवाई—'धमाका'—उस धमाके के बारे में जो उन्होंने पाँच दिन पहले अपने दिमाग़ में महसूस किया था, और उसी महीने में अस्पताल से निकलने से पहले ही उन्होंने अपनी एक नज्म 'ज़िन्दगी' लिख डाली। मैं समझती हूँ, 'ज़िन्दगी' उनकी बेहतरीन नज़्मों में से एक है। ये नज़्म शुरू होती है एक इन्सान से जो अस्पताल के बिस्तर पर है—

आज अंधेरा मेरी नस-नस में उतर जाएगा
आँखें बुझ जाएँगीं, बुझ जाएँगे एहसासो-शऊर
और ये सदियों से जलता-सा, सुलगता-सा वजूद
इससे पहले कि मेरी बेटी के वो फूल से हाथ
गर्म रुख़सार को ठंडक बख़्शें
इससे पहले कि मेरे बेटे का मज़बूत बदन
जाने मफ़्लूज में शक्ति भर दे
इससे पहले कि मेरी बीवी के होंठ
मेरे होंठों की तपिश पी जाएँ
राख हो जाएगा जलते-जलते
और फिर राख बिखर जाएगी

ये नज़्म निराशा और नाउम्मीदी पर नहीं, उस आशा और उम्मीद पर ख़त्म होती है—कि एक दिन ज़िन्दगी मौत से डरना छोड़ देगी, जब मज़हब और धर्म मौत से डरे लोगों के सर नहीं झुका सकेंगे :

मौत लहराती थी सौ शक्लों में
मैंने घबरा के हर शक्ल को खुदा मान लिया

कैफ़ी साहब की शायरी में आप बार-बार देखेंगे—वो अपने दुखों की मुंडेरों में घिर के नहीं रह जाते बल्कि अपने दुख को दुनिया के तमाम लोगों से जोड़ लेते हैं। फिर उनकी बात सिर्फ़ एक इन्सान के दिल की बात नहीं, दुनिया के सारे इन्सानों के दिलों की बात हो जाती है और आप महसूस करते हैं कि उनकी शायरी में सिर्फ़ उनका नहीं, हमारा-आपका-सबका दिल धड़क रहा है।

मैं और मेरी शायरी

कैफ़ी आज़मी

मैं कब पैदा हुआ......................याद नहीं।
कब मरूँगा........................मालूम नहीं।

अपने बारे में यक़ीन के साथ सिर्फ इतना कह सकता हूँ कि मैं (गुलाम) हिन्दुस्तान में पैदा हुआ, आज़ाद हिन्दुस्तान में बूढ़ा हुआ और सोशलिस्ट हिन्दुस्तान में मरूँगा। यह किसी मज्जूब की बड़ या दीवाने का सपना नहीं है। समाजवाद के लिए सारे संसार में और स्वयं मेरे अपने देश में एक समय से जो महान संघर्ष हो रहा है, उससे सदैव मेरा और मेरी शायरी का सम्बन्ध रहा है। इस विश्वास ने उसी की कोख से जन्म लिया है।

मैं उत्तर प्रदेश के जिला आज़मगढ़ के एक छोटे से गाँव में पैदा हुआ। घर पर खेती भी होती थी, छोटी-मोटी ज़मींदारी भी थी। मेरे पिता सय्यद फ़तह हुसैन रिज़वी मरहूम को कुदरत ने एक ऐसी पैनी दृष्टि दी थी जो पत्थर के सीने में ताण्डव का नृत्य देखा करती थी। जब मेरे सबसे बड़े भाई जन्मे तो पिताजी ने माता से कहा कि भारत में ज़मींदारी का कोई भविष्य नहीं है। यदि हम इस पर विश्वास किए बैठे रहे तो न बच्चों की शिक्षा हो सकेगी न दीक्षा। इसलिए मैं गाँव से निकलकर बाहर जाता हूँ, यदि कोई ढंग की नौकरी मिल गई तो आपको भी वहीं बुला लूँगा और जहाँ तक सम्भव होगा, बच्चों को लखनऊ रखूँगा ताकि वहाँ उनकी उचित शिक्षा हो सके और भाषा भी परिष्कृत हो जाए।

पिताजी के इस निर्णय से परिवार में एक कोहराम मच गया कि कितना ग़लत क़दम है। यदि अपना राजपाट छोड़ कर उन्होंने नौकरी कर ली तो पूरे ज़मींदारों की नाक कट जाएगी। अब्बा नौकरी का फ़ैसला इसलिए कर सके कि उस समय सारे परिवार में एकमात्र वही शिक्षित थे। परिवार की चीख़ोपुकार पर कान धरे बिना अब्बा लखनऊ चले गए। सौभाग्य से उनको बहुत जल्दी अवध की एक सुप्रसिद्ध स्टेट बिलहरी में तहसीलदारी मिल गई। उसके पश्चात् अब्बा ने पत्नी एवं बच्चों

को भी वहीं बुला लिया और लखनऊ में एक मकान किराए पर लेकर लड़कों को वहाँ रखा। कुछ समय के बाद बड़े भाई पढ़ने के लिए अलीगढ़ भेज दिए गए। उनके बाद के दो भाई लखनऊ में रहे। उनकी शिक्षा वहीं हुई, प्राथमिक शिक्षा से उच्च-शिक्षा तक। किन्तु अब्बा ने गाँव से सम्बन्ध तोड़ा नहीं। अपने छोटे भाइयों को रुपये भेजते रहे। खेती जो पहले से होती थी, उसने उस जमाने में बहुत उन्नति की। अब्बा ने गाँव में घर बनवाया जिसको गाँव के आम घरों के मुकाबले में हवेली कह सकते हैं। ज़मींदार होने के बावजूद अब्बा को अपनी पुत्रियों से अधिक प्यार था, लेकिन दुर्भाग्य से सबसे बड़ी बाजी को टी.बी. हो गई। उस समय यह बीमारी कैंसर से कम नहीं समझी जाती थी। अब्बा ने बाजी का अच्छे-से-अच्छा इलाज कराया। अम्मा उसको लेकर इस डॉक्टर से उस डॉक्टर के पास, इस अस्पताल से उस अस्पताल, इस शहर से उस शहर जाती रहीं लेकिन सारी कोशिशें उल्टी हो गईं, दवा ने कुछ काम न किया, तीन-चार साल बीमार रहकर बाजी की मृत्यु हो गई। उनके बाद तीन और बहनें लगातार इसी भयानक बीमारी का शिकार हुईं। उनका भी इसी तरह इलाज हुआ।

मैं उस समय घर में सबसे छोटा था। अम्मा जहाँ अपनी किसी बेटी को लेकर इलाज के लिए जातीं, मुझे उनके साथ जाना पड़ता। इस तरह मैंने कच्ची उम्र में अपने चारों तरफ बीमारियों और दुःखों की भीड़ देखी और मैं धीरे-धीरे ग़मपसन्द होता गया। दुर्भाग्य से इन बहनों की भी मृत्यु हो गई। वह यह सोचने लगे और कहने लगे कि हमने सब लड़कों को अंग्रेजी पढ़ाई है इसलिए घर पर यह कोप आया। वह अम्मा से अक्सर कहते कि जब हम मरेंगे तो कोई बेटा फ़ातिहः भी न पढ़ेगा, अंग्रेजी स्कूलों में उनको फ़ातिहा पढ़ना सिखाया ही नहीं गया है। इसलिए माता-पिता ने स्वयं यह निर्णय लिया कि मुझे दीनी शिक्षा दिलाई जाए। इस बात को नई नस्ल की एक प्रगतिशील अफ़सानानिगार आयशा सिद्दीक़ी ने अपने एक लेख में इस तरह लिखा है : "कैफ़ी साहब को उनके बुजुर्गों ने एक दीनी शिक्षागृह में इसलिए दाख़िल किया था कि वहाँ यह फ़ातिहा पढ़ना सीख जाएँगे। कैफ़ी साहब इस शिक्षा गृह में मज़हब पर फ़ातिहा पढ़कर निकल आए।" इस शिक्षा-गृह की बात यह है कि माता-पिता ने मुझे मौलवी बनाने के ख़्याल से मेरे लिए अंग्रेजी शिक्षा को वर्जित घोषित कर दिया। चचा मर्हूम जो काश्तकारी देखते थे, वह मुझे कुछ भी पढ़ाने के ख़िलाफ़ थे। वह अब्बा से हमेशा कहते कि आपने जिन लड़कों को साहब बहादुर बना दिया है वह न तो कभी गाँव में रहेंगे, न खेत-खलिहान के चक्कर में पड़ेंगे; मैं अब कितने दिन जिऊँगा और कितने दिन इतनी बड़ी खेती को सँभालूँगा। एक लड़के को तो इस क़ाबिल रहने दीजिए कि वह इन चीजों को सँभाल सके।

लेकिन मेरा यह हाल था कि भाई साहबान जब छुट्टियाँ गुज़ार कर लखनऊ जाने लगते तो मैं घर के किसी कोने में रो-रो कर अपना बुरा हाल कर लेता। इन

मुशायरे में कैफ़ी आज़मी

हालात में उम्र का वह हिस्सा जिसमें शिक्षा शुरू हो जानी चाहिए थी, बरबाद हो गया। लेकिन अचानक क़िस्मत ने साथ दिया। फ़सल की कटाई हो रही थी—इसका तरीक़ा यह है कि मुँह अँधेरे किसान अपने हँसिए लेकर आ जाते हैं और दोपहर तक बड़े से बड़ा खेत साफ़ हो जाता है। इसका पारिश्रमिक उनको यह मिलता है कि वह जो चीज़ काटते हैं उसकी छोटी-छोटी पौलियाँ बनाकर खेत में एक लाइन में बिछा देते हैं। बीस पौलियाँ ज़मींदार की होती हैं, इक्कीसवीं उस किसान की जो फ़सल काटता है। हमारा सबसे बड़ा खेत जिसमें गले-गले जौ आया था, कट रहा था। इत्तिफ़ाक़ से चचा को तहसील जाना था, वह जाते-जाते मुझे खेत में बिठा गए और अच्छी तरह समझा दिया कि ध्यान रखना, यह लोग बड़े बेईमान होते हैं और हरामख़ोर भी। यह इक्कीसवीं पौली हमेशा बहुत बड़ी बनाते हैं। एक पौली में दो-दो तीन-तीन पसेरी अनाज लेकर चले जाते हैं। किसी को ऐसा न करने देना। ख़बरदार !

मैंने उनको इत्मीनान दिलाया कि मैं एक बाल भी किसी को ज़्यादा न ले जाने दूँगा। सन्तोष पाकर चचा तहसील चले गए। फ़सल कटती रही, मैं देखता रहा। गाँव की एक खूबसूरत और जवान लड़की भी फ़सल काट रही थी। मैं अधिकतर उसी के पास खड़ा रहा। दोपहर तक उसके गोरे-गोरे गालों से धूप रंग बनकर टपकने लगी। उसको कुछ अपने ऊपर यक़ीन था, कुछ मेरी कमज़ोरी भी समझ चुकी थी

इसलिए उसने अपनी पौलियाँ बहुत बड़ी बना रखी थीं। और जब मैं उनको देखने लगता तब वह मुस्कुराने लगती। उसने पौलियाँ जैसी बनाई थीं, ऐसी ही मैंने उसको ले जाने दिया। गाँव की एक बूढ़ी औरत यह सब कुछ बड़े ग़ौर से देख रही थी। उसने थोड़ा-सा अनाज चुरा रखा था। इतने में चचा आ गए। उन्होंने उस बुढ़िया को पकड़ लिया। उसको डराया-धमकाया तो उसने उनसे नमक-मिर्च लगाकर मेरी शिकायत जड़ दी कि मेरे मुट्ठी भर जौ छीन लिए और "तिहरे बनवाए ऊका, ऊ जौन पुतरिया की तरह बाल डारे आ रही है—तेरे बिटवा ने ऊका ऊ जौन पुतरिया की तरह सींगार करके काटे आ रही बोझ का बोझ उठाय के ऊके सर पर रख दीन।" चचा ने मेरा कान पकड़ा और घसीटते हुए घर में अम्माँ के पास ले गए कि इनको भी वहीं भेज दीजिए, यह गाँव में रहेंगे तो सब कुछ लुटा देंगे। मुझे माँगी मुराद मिल गई। दो-चार दिन के बाद अम्मा ने मामू के साथ मुझे लखनऊ भेज दिया।

लखनऊ में शियों के सबसे बड़े शिक्षा गृह 'सुल्तानुल मदारिस' में मेरा नाम लिखा दिया गया और बोर्डिंग में दाख़िल कर दिया गया। इस शिक्षा गृह में पहुँचकर और बोर्डिंग में रहकर मुझ पर 'उर्फ़ी' के एक शेर की सच्चाई पूरी तरह ज़ाहिर हुई :

मुफ़्तियाँ कीं जल्वः बर मह्राब-ओ-मिम्बर मी कुनंद
चूं ब ख़ल्वत मी रवंद आँ कार दीगर मी कुनंद।

मैं देखता था—रोज़ जब इन्टरवल होता है, मौलाना जो हमें पढ़ाते थे, हमारे दर्जे के एक लड़के को, जिसका शरीर ठीक-ठाक था, अपने साथ लेकर अपने कमरे में चले जाते और अन्दर से दरवाज़ा बन्द हो जाता। मैं नया-नया गाँव से आया था। गाँव के लोग किसी नई चीज़ को जानने के उत्सुक होते हैं। मेरे दिल में भी इच्छा हुई कि देखूँ, कमरे में होता क्या है। रोशनदान, जो थोड़ा ऊँचाई पर था, मैंने उसके नीचे स्टूल रखा और ऊपर खड़े होकर जो रोशनदान से कमरे में झाँकने लगा, तो मैंने देखा कि हमारे मौलवी साहब पलंग पर लेटे हुए हैं, दो-तीन मौलवी साहबान पलंग के क़रीब कुर्सियों पर बैठे हैं और लड़का हमारे मौलवी साहब के पलंग पर बैठा एक छोटी-सी किताब पढ़कर उनको सुना रहा है। कभी-कभी मौलवी साहब कहते—'लाहौल विला कुव्वत' और लड़के के गाल में ज़ोर से चुटकी लेते। बारी-बारी दूसरे मौलवी साहबान भी यही हरकत करते। उस वक़्त शिया मौलवी और मौलाना अब्दुश् शकूर में बड़ी बहस हो रही थी। मैं समझा, इस सिलसिले में कोई किताब होगी, हमारे मौलवी साहब जिसका मुँहतोड़ जवाब लिखेंगे शायद।

जब कमरा खुला और लड़का बाहर निकला तो मैंने उसको पकड़ लिया और उससे तरह-तरह से पूछना शुरू किया कि तुम क्या पढ़कर सुनाते हो? वह कुछ घबरा

सुनील दत्त, इप्टा की दीना पाठक और मुल्कराज आनंद के साथ कैफ़ी आज़मी
(इप्टा की 50वीं सालगिरह पर विशेष डाक टिकट जारी होने के अवसर पर)

गया और मुझे वहीं ठहरने का इशारा करके भाग के कमरे में गया और किताब लाकर मुझे दिखाई। ये संक्षिप्त कहानियों का संग्रह "अंगारे" था, जिस पर यू.पी. सरकार ने पाबन्दी लगा रखी थी। प्रगतिशील साहित्य से यह मेरा पहला परिचय था।

सुल्तानुल मदारिस जिस दिन क़ायम हुआ था, उसी दिन उसके सारे क़ायदे-क़ानून बन गए थे। इस हालात के मुताबिक़ फिर किसी रद्दोबदल को पाप समझा गया था। मैंने कुछ दोस्तों के साथ मिलकर छात्रों की एक कमेटी बनाई और छात्रों की कुछ माँगें बनाई गईं, और उनको लेकर सुल्तानुल मदारिस की व्यवस्था समिति को पेश किया। इसका जवाब हमको यह मिला कि यह अन्जुमन हमारी मुख़ालिफ़त में बनाई गई है, हम इसको नहीं मानते, इसलिए अन्जुमन को फौरन तोड़ दो। वर्ना...। लेकिन अन्जुमन बन चुकी थी। इसको तोड़ने का सवाल ही नहीं था। हमने कुर्सियों पर बैठे हुए लोगों को नोटिस दिया—अगर फौरन हमारी अन्ज़ुमन को तसलीम न किया गया तो हम स्ट्राइक करेंगे। और हुआ यही कि हमको कुछ दिनों बाद स्ट्राइक करनी पड़ी। स्ट्राइक में सारे छात्रों ने शिरकत की और कुछ दिनों के बाद दफ़्तर में काम करने वाले और कुछ उस्ताद भी हमारे साथ आए।

इस स्ट्राइक से व्यवस्था समिति के लोग बौखलाए। उन्होंने नोटिस दिया कि

सुल्तानुल मदारिस बन्द किया जाता है। तुम लोग कमरे छोड़ दो और अपने-अपने गाँव चले जाओ। जब सुल्तानुल मदारिस खुलेगा, तुम लोग बुला लिए जाओगे। हम लोगों ने इस नोटिस का कोई नोटिस नहीं लिया। कमरों में भी डटे रहे और अपनी माँगों पर भी डटे रहे। एक रात हुसैनाबाद के कारिन्दे मोटे-मोटे डण्डे लेकर आए। उन्होंने हमारा सामान कमरों से निकाल-निकालकर बाहर फेंक दिया और हमारी अच्छी-ख़ासी पिटाई भी की। हम भी अहिंसावादी नहीं थे, हमने भी ईंट का जवाब पत्थर से दिया और बोर्डिंग पर क़ब्ज़ा किए बैठे रहे।

उस वक़्त तक मेरी शायरी शुरू हो चुकी थी। शायरी की शुरुआत एक परम्परागत ग़ज़ल से हुई थी लेकिन इस स्ट्राइक के दौरान ग़ज़लगोई छूट गई और मैं विरोध की शायरी करने लगा। क़रीब-क़रीब रोज़ एक नज़्म कर लेता। लड़कों को सुनाता और उनमें जोश पैदा करता। पिटाई के बाद दूसरे दिन सुल्तानुल मदारिस के उत्तरी फाटक पर मीटिंग हो रही थी। लड़के कुछ ज़मीन पर बैठे थे, कुछ खड़े थे। मैं उनके दरमियान एक नज़्म सुना रहा था कि मैंने देखा, एक बहुत बूढ़े आदमी ताँगे पर बैठे हमारी तरफ़ आ रहे हैं। मैं घबराया कि यह हज़रत आकर अभी हमको समझाना शुरू करेंगे कि तुम लोग यह क्या कर रहे हो, इससे हमारा इतना बड़ा शिक्षागृह बदनाम हो रहा है, वग़ैरह वग़ैरह। घबराहट में वह नज़्म और जोश से पढ़ने लगा। क़रीब आकर वह बुज़ुर्ग ताँगे से उतर पड़े और मीटिंग में शामिल हो गए। नज़्म खत्म हुई तो उन्होंने मुझसे नज़्म माँगी। मैंने दे दी। एक सरसरी नज़र डालकर उन्होंने नज़्म जेब में रख ली और मुझसे कहा—तुम जिनको चाहो अपने साथ ले लो और मेरे साथ मेरे घर चलो। मैंने गँवारों की तरह पूछ लिया—आप हैं कौन बुज़ुर्ग? उन्होंने फ़रमाया—अली अब्बास हुसैनी कहते हैं मुझे। अली अब्बास हुसैनी उर्दूवालों में प्रेमचन्द के बाद दूसरा नाम। मैं सर झुकाए उनके पीछे हो लिया।

वह गोला गंज में रहते थे। घर पहुँचकर हुसैनी साहब ने नौकर को चाय बनाने का हुक्म दिया और अपने साहबज़ादे से कहा—जाओ, देखो, एहतिशाम साहब यूनिवर्सिटी से लौट आए हों तो बुला लाओ। एहतिशाम साहब क़रीब ही बारूदखाने में रहते थे। एहतिशाम साहब आए तो उनके साथ आज़म हुसैन साहब भी आ गए, जो रोज़नामा 'सरफ़राज'' के एडीटर थे। हुसैनी साहब ने ज़ोरदार लफ़्जों में हमारी वकालत की और मुझसे इसरार किया कि मैं अपनी वही नज़्म सुनाऊँ। मैंने नज़्म सुनाई। आज़म साहब ने ले ली कि वह इसको ''सरफ़राज'' में छापेंगे और हमारे समर्थन में सम्पादकीय भी लिखेंगे। एहतिशाम साहब ने मुझे अली सरदार जाफ़री साहब से मिलवाया। यह स्टूडेण्ट्स फ़ेडरेशन के जनरल सेक्रेट्री या सदर थे। आज़म साहब ने हमारे समर्थन में ज़बरदस्त सम्पादकीय लिखा। जाफ़री साहब हमारी मीटिंगों में आने लगे। हमारे एजीटेशन में जान आ गई। हुसैनाबाद वक़्फ़ के मुतवल्लियों ने हमारी माँगें मान लीं और लगभग डेढ़ साल बाद हमारी स्ट्राइक ख़त्म हुई। लेकिन

कैफ़ी आज़मी और शौकत आज़मी—माथेरान में छुट्टी मनाते हुए
फोटो : समीर आर्य

मेरे चन्द और साथी सुल्तानुल मदारिस से निकाल दिए गए।

मौलवी बनने का ख्याल मैं छोड़ ही चुका था, लेकिन पढ़ाई जारी रखी और प्राइवेट इम्तिहानात देकर उर्दू, फ़ारसी और अरबी की कुछ डिग्रियाँ हासिल कीं जिसका विवरण यह है :

1. दबीर माहिर(फ़ारसी), 2. दबीर कामिल (फ़ारसी) (लखनऊ यूनिवर्सिटी), 3. आलिम (अरबी), 4. आला काबिल (उर्दू), 5. मुंशी (फ़ारसी) (इलाहाबाद यूनिवर्सिटी), 6. मुंशी कामिल (फ़ारसी)

सोचा था कि यह परीक्षाएँ पास करके किसी कालेज गें रीधे एफ.ए. में दाख़िला ले लूँगा और अंग्रेज़ी पढ़ूँगा। लेकिन तब तक सियासत और शायरी का जुनून बहुत बढ़ चुका था और आगे पढ़ाई के लिए जिस कोशिश की ज़रूरत थी, मेरा फक्कड़पन उसको झेल नहीं सका और पढ़ाई अधूरी रह गई।

शायरी तो एक तरह से मुझे ख़ानदानी मिली। मेरे अब्बा बाक़ाइदः शायर तो नहीं थे, लेकिन शायरी को अच्छी तरह समझते थे। घर में उर्दू, फ़ारसी के दीवान बड़ी संख्या में थे। मैंने यह किताबें उस उम्र में पढ़ीं जब उनका बहुत हिस्सा समझ में नहीं आता था। मुझसे बड़े तीनों भाई भी बाक़ाइदः शायर थे यानी बयाज़ (डायरी) रखते थे और तख़ल्लुस भी। सबसे बड़े भाई सैय्यद ज़फ़र हुसैन मर्हूम की तख़ल्लुस

'मजरूह' थी। उनसे छोटे भाई सैय्यद हुसैन की तख़ल्लुस 'बेताब' थी। उनसे छोटे भाई सैय्यद शब्बीर हुसैन की तख़ल्लुस 'वफ़ा' थी। भाई साहबान जब छुट्टियों में अलीगढ़ और लखनऊ से घर आते थे तो घर पर अक्सर शे'री महफ़िलें होती थीं जिनमें भाई साहबान के अलावा पूरे क़स्बे के शोअरा शरीक होते थे। भाई साहबान जब अब्बा को अपना कलाम सुनाते और अब्बा उसकी तारीफ़ करते तो मुझे ईर्ष्या होती और मैं बड़ी हसरत से अपने से सवाल करता—क्या मैं भी कभी शे'र कह सकूँगा? लेकिन मैं जब भाइयों के शे'र सुनने के लिए खड़ा हो जाता या चुपचाप कहीं बैठ जाता तो फ़ौरन किसी बुजुर्ग की डाँट पड़ती कि तुम यहाँ क्यों बैठे हो? तुम्हारी समझ में क्या आएगा? घर में जाओ और पान बनवाकर लाओ। मैं पाँव पटकता तक़रीबन रोता हुआ घर में बाजी के पास जाता कि देखिए, मेरे साथ यह हुआ। मैं एक दिन इन सबसे बड़ा शाइर बनकर दिखा दूँगा। बाजी मुस्कराकर कहती—क्यों नहीं, तुम ज़रूर कभी बड़े शायर बनोगे, अभी तो यह पान ले जाओ और बाहर दे आओ।

इसी उम्र में एक घटना यह है कि अब्बा बहराइच में थे, क़ज़्लबाश स्टेट के मुख़्तार आम या पता नहीं क्या। वहाँ एक मुशायरा हुआ। उस वक़्त ज़्यादातर मुशायरे तरही (समस्यापूर्ति जैसे) हुआ करते थे। इसी तरह का एक मुशायरा था। भाई साहबान लखनऊ से आए थे। बहराइच, गोण्डा, नानपारा और क़रीब-दूर के बहुत से शायर बुलाए गए थे। मुशायरे के अध्यक्ष 'मानी जायसी' साहब थे। उनके शे'र सुनने का एक ख़ास तरीक़ा था कि वह शे'र सुनने के लिए अपनी जगह पर उकड़ूँ बैठ जाते और अपना सर दोनों घुटनों में दबा लेते और झूम-झूम कर शे'र सुनते और दाद देते। उस वक़्त शायर सीनियरिटी से बिठाए जाते थे। एक छोटी-सी चौकी पर क़ालीन बिछा होता और गावतकिया लगा होता। अध्यक्ष इसी चौकी पर गाव-तकिया के सहारे बैठता। जिस शायर की बारी आती वह इसी चौकी पर आकर एक तरफ़ बहुत आदर से घुटनों के बल बैठता। मुझे मौक़ा मिला तो मैं भी इसी तरह आदर से चौकी पर घुटनों के बल बैठकर अपनी ग़ज़ल, जो 'तरह' में थी, सुनाने लगा। 'तरह' थी 'मेह्रबाँ होता, राज़दाँ होता,' वग़ैरह। मैंने एक शे'र पढ़ा—

वह सबकी सुन रहे हैं सबको दाद-ए-शौक़ देते हैं
कहीं ऐसे में मेरा क़िस्सः-ए-ग़म भी बयाँ होता।

मानी साहब को न जाने शे'र इतना क्यों पसन्द आया कि उन्होंने ख़ुश होकर पीठ ठोंकने के लिए मेरी पीठ पर एक हाथ मारा। मैं चौकी से ज़मीन पर आ रहा। मानी साहब का मुँह घुटनों में छिपा हुआ था इसलिए उन्होंने देखा नहीं कि क्या हुआ, झूम-झूम कर दाद देते और शे'र दुबारा पढ़वाते रहे और मैं ज़मीन पर पड़ा-पड़ा

पत्नी शौकत के साथ कैफ़ी आज़मी, गोद में पहली संतान ख़य्याम (जिसकी 1 साल की उम्र में मृत्यु हो गई)

शे'र दोहराता रहा। यह पहला मुशायरा था जिसमें शायर की हैसियत से मैं शरीक हुआ। इस मुशायरे में मुझे जितनी दाद मिली उसकी याद से अब तक परेशान रहता हूँ। बुजुर्गों ने इस तरह मेरा दिल बढ़ाया कि वाह मियाँ वाह, माशा अल्लाह आपकी याददाश्त बहुत अच्छी है; किसी ने कहा—ज़िन्दा रहो मियाँ, किस ए'तिमाद से ग़ज़ल सुनाई है ! हर आदमी यह समझ रहा था और किसी-न-किसी तरह यह दिखा रहा था कि मुझे मेरे किसी भाई ने ग़ज़ल लिखकर दे दी है, जो मैंने अपने नाम से पढ़ी है।

ख़ैर, इन बुजुर्गों के इन अंदेशों की मैंने ज़्यादा परवाह नहीं की। लेकिन जब अब्बा ने भी कोई इस तरह की बात की तो मेरा दिल टूट गया और मैं रोने लगा। मेरे बड़े भाई शब्बीर हुसैन 'वफ़ा'—अब्बा बेटों में जिनको सबसे ज़्यादा चाहते थे—उन्होंने अब्बा से कहा—इन्होंने जो ग़ज़ल पढ़ी है, वह इन्हीं की है या नहीं यह शक दूर करने के लिए क्यों न इम्तिहान ले लिया जाए। उस वक़्त अब्बा के मुंशी हज़रत शौक़ बहराइची थे जो मज़ाहिया (व्यंग्य) शायर थे। उन्होंने इस प्रस्ताव का समर्थन

किया। मुझसे पूछा गया—इम्तिहान देने के लिए तैयार हो ? मैं ख़ुशी से इसके लिए तैयार हो गया। शौक़ साहब ने मिसरा दिया—"इतना हँसो कि आँख से आँसू निकल पड़े"। भाई साहब ने कहा—ये ज़मीन इनके लिए बंजर साबित होगी, कोई अच्छा प्रस्ताव दीजिए। लेकिन मेरा उस वक़्त का ईगो, आज जिसे अक्सर तलाश करता हूँ, मैंने कहा—अगर मैं ग़ज़ल कहूँगा तो इसी ज़मीन में, वर्ना इम्तिहान नहीं दूँगा। तय पाया कि इस 'तरह' में तबा' आज़माई करूँ।

मैं उसी जगह लोगों से ज़रा हट कर दीवार की तरफ़ मुँह करके बैठ गया और थोड़ी देर में तीन-चार शे'र हो गए। आज इन शे'रों को देखता हूँ तो समझ में नहीं आता कि इनमें मेरा क्या है। पूरी ग़ज़ल में वही बातें जो असातिज़ः (पुराने बड़े शायर) कह चुके थे। उस ज़माने का ज़्यादा कलाम नष्ट हो गया, लेकिन वह पहली ग़ज़ल इसलिए ज़िन्दा रह गई कि न जाने कहाँ से वह बेग़म अख़्तर तक पहुँच गई और उसमें उन्होंने अपनी आवाज़ के पंख लगा दिए और वह सारे हिन्दुस्तान और पाकिस्तान में मशहूर हो गई। लीजिए, यह ग़ज़ल आप भी सुन लीजिए। यह मेरी ज़िन्दगी की पहली ग़ज़ल है, जो मैंने ग्यारह वर्ष की उम्र में कही थी।

इतना तो ज़िन्दगी में किसी की ख़लल पड़े
हँसने से हो सुकूँ न रोने से कल पड़े

जिस तरह हँस रहा हूँ मैं पी-पी के गर्म अश्क
यूँ दूसरा हँसे तो कलेजा निकल पड़े

इक तुम कि तुमको फ़िक्र-ए-नशेब-ओ-फ़राज़[1] है
इक हम कि चल पड़े तो बहरहाल चल पड़े

साक़ी सभी को है ग़म-ए-तिश्नः लबी मगर
मय है इसीकी नाम पे जिसकी उबल पड़े

मुद्दत के बाद उसने की तो लुत्फ़ की निगाह
जी ख़ुश तो हो गया मगर आँसू निकल पड़े।

अब इस ग़ज़ल को आप पसंन्द करें या न करें, ख़ुद मैं अब ऐसी ग़ज़ल नहीं कह सकता। लेकिन इसकी यह ख़ूबी है कि इसने लोगों का शक दूर कर दिया और सबने यह मान लिया कि मैंने जो कुछ अपने नाम से मुशायरे में सुनाया था वह मेरा ही कहा हुआ था, माँगे का उजाला नहीं था। बहराइच में यह ग़ज़ल कहने और मुशायरे में सुनाने के बाद जब लखनऊ आया तो सबने यह समझाया कि अगर

1. उतार-चढ़ाव

संजीदगी से शायरी करना चाहते हो तो किसी उस्ताद का दामन पकड़ लो। कोई बेउस्ताद शायर नहीं हो सकता। हो सकता है गोण्डा, बहराइच में हो जाए, लेकिन यह लखनऊ है। उस ज़माने में वहाँ दो उस्तादों का सिक्का चल रहा था, हज़रत आरज़ू लखनवी और मौलाना सफ़ी। मैं आरज़ू साहब के मुक़ाबले में सफ़ी साहब को ज़्यादा पसन्द करता था। हिम्मत करके उनके घर पहुँच गया।

वह मौलवी गंज में रहते थे। मैंने सूचना भिजवाई। सफ़ी साहब का बड़प्पन देखिए कि उन्होंने बुला लिया। वह एक खुर्री चारपाई पर लुंगी बाँधे और बनियान पहने बैठे थे। मैं पहुँचा तो सर उठाकर मेरी तरफ़ देखा और आने की वजह पूछी। मैंने अर्ज़ किया, मैं आपसे इस्लाह लेना चाहता हूँ। उन्होंने एक बार फिर मुझे ग़ौर से देखा और पूछा—कुछ कहा है ? मैंने यही ग़ज़ल सुनाई। मौ. सफ़ी ने एक शे'र पर सिर हिला दिया और एक शे'र दुबारा पढ़वाया और दाद दी। ज़ाहिर है यह मेरे लिए बहुत था। फिर उन्होंने पूछा—तुम्हारी उम्र क्या है? मैंने पंजों के बल खड़े होकर अपना क़द ऊँचा करके कहा—ग्यारह बरस। यह सुनकर वह मुस्कुराए; उन्होंने कहा—मेरी शायरी की उम्र 65 वर्ष की है। अगर तुम्हारे कलाम में ज़बान की कमी हो तो मैं उसे ज़रूर ठीक कर सकता हूँ, लेकिन ऐसा करने से तुम्हारे फ़िक्र (सोच) की गर्मी चली जाएगी। ग्यारह बरस के सीने में जो गर्मी होती है वह 65 वर्ष के सीने में नहीं हो सकती। तुम एक ख़ास अक़ीदत से मेरे पास इस्लाह के लिए आए हो, लेकिन इस्लाह के बाद जब जाओगे तो कुढ़ते हुए जाओगे कि मेरी ग़ज़ल खराब कर दी। मेरी राय यह है कि अगर वाह-वाह से गुमराह न हो तो लिखते रहो और पढ़ते रहो। शे'र की कमियाँ सूखे पत्तों की तरह गिरती चली जाएँगी और ख़ूबियाँ नई कोपलों की तरह फूटती रहेंगीं।

इस राय की रोशनी में मैंने अपना अदबी सफ़र शुरू किया, जो अभी तक जारी है। मेरी नज़्मों और ग़ज़लों के चार संग्रह प्रकाशित हो चुके हैं :

1. झंकार 2. आख़िर-ए-शब 3. आवारा सिज्दे 4. इब्लीस की मज्लिस-ए-शूरा (दूसरा इज्लास)

'आवारा सिज्दे' की तारीफ़ कई ख़ेमों में कई तरह से हुई। दिल्ली में कोई नूरहवेली साहब हैं। उन्होंने और शाही इमाम ने 'आवारा सिज्दे' के ख़िलाफ़ संघर्ष छेड़ दिया। किताब ज़ब्त करने और मुझे जेल में डालने की माँग की गई। 'रहबर-दखिन' और 'सियासत जदीद' कानपुर ने भी अपनी बातों का बेशर्मी से प्रदर्शन किया। उत्तर प्रदेश उर्दू अकादमी ने उसको उस साल की सबसे बेहतर किताब माना और अपना पहला एवार्ड दिया। इसी किताब पर मुझे सोवियत लैण्ड नेहरू एवार्ड भी मिला। 'आवारा सिज्दे' पर मुझे साहित्य अकादमी ने भी इनाम दिया। मेरी पूरी साहित्यिक सेवा पर मुझे लोटस एवार्ड भी मिला। यह एवार्ड अफ़्रो-एशियन राइटर्स

कमेटी की अन्तर्राष्ट्रीय ज्यूरी देती है। मैंने अब तक यह एहतियात की थी कि जो नज़्म किसी एक किताब में आ जाए, वह दूसरे संग्रह में संग्रहीत न हो। इससे नुक़सान यह हुआ कि कई महत्त्वपूर्ण नज़्में लोगों तक नहीं पहुँचीं। इसलिए 'सरमाया' में 'झंकार', 'आख़िर-ए-शब' और 'आवारा सिज्दे' की ज्यादातर नज़्में जमा कर दी गईं। अब भी मेरी बहुत-सी नज़्में और ग़ज़लें इधर-उधर बिखरी हुई मिल जाएँगी।

मैंने शायरी क्यों शुरू की, शायर कैसे बना (अगर आप मुझे शायर समझते हैं) इसकी रिसर्च के लिए किसी रिसर्चर की ज़रूरत नहीं। मैंने जिस घर में जन्म लिया उसमें शायरी रची-बसी हुई थी, लेकिन राजनीति में रुचि कैसे पैदा हुई इसको समझना और समझाना मेरे लिए भी मुश्किल है। मैं जिस गाँव में पैदा हुआ और जहाँ आरम्भिक जीवन गुज़रा, वहाँ बाहर की हवा भी मुश्किल से आती थी। शहरों में क्या हो रहा है, कांग्रेस क्या कर रही है, मुस्लिम लीग क्या कर रही है—इसकी चर्चा भी वहाँ नहीं होती थी। बुज़ुर्गों से मैंने सुना है कि जब ईस्ट इण्डिया कम्पनी ने नील की खेती शुरू करवाई तो हमारे गाँव में भी नील के बीज आए और कारिन्दों के द्वारा मौखिक सन्देश भी आया कि जौ-गेहूँ बोना छोड़ दो, नील की खेती करो तो कम्पनी तुमको मालामाल कर देगी।

मेरे दादा मरहूम ने जब यह सुना तो गुप्त ढंग से समझाया कि देखो, कम्पनी हमारे कारीगरों के अँगूठे काटकर हमारे उद्योग और व्यापार को ठिकाने लगा चुकी है। अब खेती-बीजों को भी नष्ट करना चाहती है। इसलिए चुपके-चुपके इन बीजों को बोने से पहले भून डालो। भुने हुए बीज उग नहीं सकते और जब वह उगेंगे नहीं तो कम्पनी यह समझेगी कि इस गाँव की जमीन नील की खेती के लिए ठीक नहीं और हमको मुसीबत से छुटकारा मिल जाएगा। दादा मर्हूम ने स्वयं यही किया और उनकी सलाह पर कुछ और लोगों ने ऐसा ही किया। जब नील के बीज उगे नहीं तो कम्पनी यह समझने पर मजबूर हो गई कि इस गाँव की ज़मीन अच्छी नहीं है। लेकिन कुछ दिनों बाद यह बात मालूम हो गई कि किसानों ने नील के बीज मीर अता हुसैन के कहने पर भून डाले थे। दादा मर्हूम पर मुक़दमा चला, जायदाद ज़ब्त हुई, लेकिन उसके बाद कम्पनी ने हमारे गाँव के लोगों को नील बोने पर मजबूर नहीं किया।

दादा मर्हूम ने कम्पनी के ख़िलाफ़ नफ़रत का जो बीज नील के खेतों में बोया था, वह एक दिन मेरे सीने में फूटा और फूला-फला। मेरी उम्र कोई 9-10 बरस होगी जब मैंने सुना कि हमारी तहसील में एक गोरा कलक्टर आ रहा है। मैंने अपनी उम्र के लड़कों को एकत्र किया, बहनों के काले दुपट्टे चुराकर फाड़े और काले झण्डे

बनाए और चोरी-चोरी तहसील पहुँच गए कि जब वह बन्दर आएगा तो हम उसको काले झण्डे दिखाएँगे। कलक्टर बहुत देर में आया, थानेदार जो अब्बा के पास अक्सर आता था, उसने हमको देख लिया और मुझे पकड़ के अब्बा के पास लाया। अब्बा किसी ग़ैर के सामने हमको न कभी डाँटते थे न मारते थे, लेकिन उन्होंने हमको समझाया कि अब ऐसा न करना।

उन्हीं दिनों की बात है, हम जंगल में गिल्ली-डण्डा खेल रहे थे। मैंने देखा कि एक बबूल के पेड़ में कहीं एक चुटकी रुई उड़कर आई और काँटों में फँस गई है। मैंने उँगलियों को काँटों से बचाते हुए वह रुई निकाल ली। अब मैं और मेरे साथी आँखें फाड़-फाड़ कर देख रहे और सोच रहे थे कि बबूल में रुई कहाँ से आ गई? कुछ दूर पर आम के एक छायादार पेड़ के नीचे गाँव का एक बूढ़ा आदमी कम्बल बिछाए सो रहा था। मैं रुई लिए उसके पास पहुँचा और दिखाकर उससे पूछा कि चाचा बबूल के पेड़ में रुई कहाँ से आ गई ? वह उठ बैठा और उसने हमको समझाया कि बाबू, जब से महात्मा गांधी ने चरखा कातना शुरू किया है, भगवान हर जगह रुई पैदा करने लगा है। मैं सर खुजाने और सोचने लगा कि इनको कैसे मालूम हुआ कि गांधीजी चरखा कातते हैं। उस वक़्त हिन्दुस्तान ऐसा ही था।

लेकिन मेरे घर पर राजनीति की छाया नहीं पड़ी। एक बात जिस पर मुझे गर्व है और जो वर्णनीय भी है, यह है कि मेरे घर पर कभी साम्प्रदायिकता का भूत नहीं मँडराया। भाई साहबान जब छुट्टियों में आते तो उनके साथ कांग्रेस और मुस्लिम लीग की खबरें भी आतीं। कभी खाने पर या चाय पर गांधीजी और उनकी बकरी की बात छिड़ती या यह कहानी कि जवाहर लाल नेहरू के कपड़े पेरिस से धुलकर आते हैं। मेरी इन बातों में रुचि तो बहुत थी, लेकिन कोई रोशनी नहीं मिलती थी। जब लखनऊ आया तो वहाँ स्वराज का आन्दोलन बहुत ज़ोरों पर चल रहा था। मैं प्रभात फेरियों में शामिल हो गया। मुँह अँधेरे किसी प्रभात फेरी में शामिल होता और नज़्में पढ़ता। 'झंकार' की जो नज़्में हैं जैसे "उठो, देखो, वह आँधी आ रही है" यह एक प्रभात फेरी के लिए मैंने कही और उसी में पढ़ी थी। शहरों में सत्याग्रह भी हो रहे थे। विदेशी कपड़े दुकानों से निकाल-निकाल कर जलाए जा रहे थे। अमीनाबाद में कपड़ों की एक बहुत बड़ी दुकान थी। इसमें विदेशी कपड़ों के थान निकाल कर सड़क पर जलाए जा रहे थे। मैं भी इस दिलचस्प काम में शरीक हो गया। थोड़ी देर में पुलिस आ गई और हम सब पकड़े गए, मैं भी। जब एक हवलदार ने मेरा कंधा पकड़कर मुझे अपनी लारी में बिठाया तो मैंने देखा कि मेरे मुहल्ले का एक लड़का कुछ दूर साइकिल रोके खड़ा यह तमाशा देख रहा है। मैंने पुकार कर उससे कहा कि मेरे घर में बता देना कि मैं जेल जा रहा हूँ। उस वक़्त मुझे ऐसा महसूस हो रहा था कि मैं गांधीजी और जवाहर लाल जी की पंक्ति में शामिल हो गया। नशा उस वक्त उतरा जब आलमबाग पहुँचकर लारी रुकी और पुलिस

ने मुझे और मेरी उम्र के कुछ और लड़कों को उतारकर हलकी-सी हमारी केनिंग की और छोड़ दिया—बस, अब घर भाग जाओ।

मेरा दिल टूट गया। मैं सीधा अमीनाबाद कांग्रेस के कार्यालय में पहुँचा और मैंने पुलिस की शिकायत की कि मुझे पुलिस जेल नहीं ले गई, अब मैं घर जाकर क्या बताऊँगा ? एक बुजुर्ग लीडर ने मुझे तसल्ली दी—अभी तुम कम उम्र के हो, लेकिन जेल जाने का इतना शौक़ है तो काम करते रहो, किसी दिन चले ही जाओगे। मैं आँसू भरे हुए घर लौट आया। सोचने लगा कि ऐसा काम करना चाहिए कि ज़रूर ही जेल जाऊँ।

हमारे ग्रुप में एक बंगाली नौजवान भी था। उसने हमको बम बनाने का तरीक़ा बताया। हमने बम बनाया और तय किया कि वज़ीर गंज के उस थाने पर हम बम फेंकेंगे जिसके इन्सपेक्टर ने हमको छोड़ दिया था। अच्छा यह हुआ कि जब बम तैयार हो गया तो मुझे यह फ़िक्र हुई कि थाने पर फेंकने से पहले यह मालूम कर लेना चाहिए कि बम बना भी है या नहीं। हम लोग गोमती के किनारे श्मशान घाट की तरफ़ गए और वहाँ सन्नाटे में हमने बम का परीक्षण किया तो मालूम हुआ कि वह तो अनार बन गया है (पटाख़ेवाला), बम नहीं। मैंने अपने बंगाली दोस्त को खूब गालियाँ दीं, मारपीट भी हुई और उसको अपने ग्रुप से निकाल दिया।

बहुत दिनों तक इसी तरह भटकता रहा।

चलता हूँ थोड़ी दूर हर इक तेज़ रौ के साथ
पहचानता नहीं हूँ अभी राहबर को मैं।

उस वक़्त एक ऐसा रोमांटिक हादसा हुआ कि लखनऊ छोड़कर कानपुर चला गया। वहाँ मज़दूर सभा के कार्यकर्ताओं का साथ हुआ। वह चोरी-चोरी मुझे कम्युनिस्ट पार्टी का लिटरेचर देने लगे। अब मुझे वह रास्ता मिल गया जिससे मैंने ज़िन्दगी का इतना लम्बा सफ़र तय किया है—और फ़ालिज लग जाने के बाद अब तक इसी रास्ते पर चल रहा हूँ। एक दिन इसी रास्ते पर गिरूँगा और सफ़र ख़त्म हो जाएगा—मंज़िल पर या मंज़िल के क़रीब।

सूची

प्यार का जश्न नयी तरह मनाना होगा
ग़म किसी दिल में सही, ग़म को मिटाना होगा

•

तलातुम[1], वलवले[2], हैजान[3], अरमान
सब उसके साथ रुख़्सत हो चुके थे
यक़ीं था अब न हँसना है न रोना
कुछ इतना हँस चुके थे, रो चुके थे

किसी ने आज इक अँगड़ाई लेकर
नज़र में रेशमी गिरहें लगा दीं
तलातुम, वलवले, हैजान, अरमान
वही चिंगारियाँ फिर मुस्करा दीं

---

1. बाढ़, तूफ़ान, उद्वेग, 2. उमंगें, 3. उद्विग्नता।

●

तू ख़ुरशीद[1] है बादलों में न छुप
तू महताब[2] है जगमगाना न छोड़

तू शोख़ी है शोख़ी, रिआयत न कर
तू बिजली है बिजली, जलाना न छोड़

अभी इश्क़ ने हार मानी नहीं
अभी इश्क़ को आज़माना न छोड़

---

1. सूरज, 2. चाँद।

उलझे-उलझे हुए जज़्बात न पूछ
सहमी-सहमी-सी इनायात न पूछ
बार-बार उसका करम फ़रमाना
चुपके-चुपके सरे-बालीं[1] आना
जाने क्या-क्या वो मुझे समझाना
और आप ही शरमा जाना
मुख़्तसर कितनी थी वो रात न पूछ

आह ममनूने-असर[2] हो कि न हो
देखिए रात बसर-हो कि न हो
अब्र[3] उजड़े हुए मँडलाए हुए
तौर सहमे हुए घबराए हुए
अश्क रुख़सार पे कुछ आए हुए
और कुछ पलकों में थर्राये हुए
और ख़ुदा जाने सहर हो कि न हो

1. सिराहने, 2. प्रभाव की आभारी, प्रभावशाली 3. बादल।

●

ये किस तरह याद आ रही हो, ये ख़ाब कैसा दिखा रही हो
कि जैसे सचमुच निगाह के सामने खड़ी मुस्करा रही हो

ये जिस्मे-नाजुक, ये नर्म बाँहें, हसीन गर्दन, सुडौल बाज़ू,
शिगुफ़्ता[1] चेहरा, सलोनी रंगत, घनेरा जूड़ा, सियाह गेसू
नशीली आँखें, रसीली चितवन, दराज[2] पलकें, महीन अबरू[3]
तमाम शोख़ी, तमाम बिजली, तमाम मस्ती, तमाम जादू
हज़ारों जादू जगा रही हो
ये ख़ाब कैसा दिखा रही हो

गुलाबी लब[4], मुस्कराते आरिज़[5], जबीं[6] कुशादा[7], बलंद क़ामत[8]
निगाह में बिजलियों की झिलमिल, अदाओं में शबनमी लताफ़त[9]
धड़कता सीना, महकती साँसें, नवा[10] में रस, अँखड़ियों में अमृत
हमा[11] हलावत[12], हमा मलाहत[13], हमा तरन्नुम, हमा नज़ाकत
लचक-लचक गुनगुना रही हो
ये ख़ाब कैसा दिखा रही हो

तो क्या मुझे तुम जिला ही लोगी, गले से अपने लगा ही लोगी
जो फूल जूड़े से गिर पड़ा है तड़प के उसको उठा ही लोगी
भड़कते शोलों, कड़कती बिजली से मेरा ख़िरमन[14] बचा ही लोगी
घनेरी ज़ुल्फ़ों की छाँव में मुझको मुस्करा के छुपा ही लोगी
कि आज तक आज़मा रही हो
ये ख़ाब कैसा दिखा रही हो

---

1. खिला हुआ, 2. लम्बी, 3. भवें, 4. होंट, 5. गाल, 6. माथा, 7. चौड़ा, 8. क़द, 9. मृदुलता, कोमलता, 10. बोली, 11. तमाम, साकार, 12. मिठास, 13. लावण्य, 14. खलिहान।

नहीं मुहब्बत की कोई क़ीमत, जो कोई क़ीमत अदा करोगी
वफ़ा की फ़ुर्सत न देगी दुनिया, हज़ार गर तुम वफ़ा करोगी
मुझे बहलने दो रंजो-ग़म से, सहारे कब तक दिया करोगी
जुनूँ को इतना न गुदगुदाओ, पकड़ लूँ दामन तो क्या करोगी
क़रीब बढ़ती ही आ रही हो
ये ख़ाब कैसा दिखा रही हो

शगुफ़्तगी[1] का, लताफ़त[2] का शाहकार[3] हो तुम
फ़क़त बहार नहीं, हासिले-बहार[4] हो तुम

जो एक फूल में है क़ैद, वो गुलिस्ताँ हो
जो इक कली में है पिन्हाँ वो लालाज़ार[5] हो तुम

हलावतों[6] की तमन्ना, मलाहतों[7] की मुराद
ग़ुरूर कलियों का, फूलों का इनकिसार[8] हो तुम

जिसे तरंग में फ़ितरत ने गुनगुनाया है
वो भैरवी हो, वो दीपक हो, वो मल्हार हो तुम

तुम्हारे जिस्म में ख़ाबीदा[9] हैं हज़ारों राग
निगाह छेड़ती है जिसको वो सितार हो तुम

जिसे उठा न सकी जुस्तजू वो मोती हो
जिसे न गूँथ सकी आरज़ू वो हार हो तुम

जिसे न बूझ सका इश्क़ वो पहेली हो
जिसे समझ न सका प्यार भी वो प्यार हो तुम

ख़ुदा करे किसी दामन में जज़्ब हो न सकें
ये मेरे अश्के-हसीं[10] जिनसे आशकार[11] हो तुम

---

1. प्रफुल्लता, 2. कोमलता, 3. श्रेष्ठ कृति, 4. वसन्त ऋतु का कुल निचोड़, 5. उपवन, वाटिका, 6. मिठास, 7. लावण्य, 8. विनम्रता, 9. सोए हुए, 10. सुन्दर आँसू, 11. प्रकट।

कली का रूप फूल का निखार ले के आई थी
वो आज कुल ख़ज़ान-ए-बहार ले के आई थी
जबीने-ताबनाक[1] में खिली हुई थी चाँदनी
वो चाँदनी में अक्से-लालाज़ार[2] ले के आई थी

तमाम रात जागने के बाद चश्मे-मस्ती[3] में
यक़ीं का रस उमीद का ख़ुमार ले के आई थी
गुलाबी अँखड़ियों की सिहरकारियों[4] में ख़ंदाज़न[5]
गुरूरे-फ़त्हो-रंग-एतबार[6] ले के आई थी

वो सादा-सादा आरिज़ों[7] की शक्करीं मलाहतें[8]
मलाहतों में सुर्ख़िए-अनार ले के आई थी
लबे-शिगुफ़्तओ-हसीं में गुदगुदी शराब की
शराब में घुले हुए शरार[9] ले के आई थी

दराज़ ज़ुल्फ़ में गुँथी हुई मालवे की रात
सियह लटों में शामे-बादाख़्वार[10] ले के आई थी
वो क़ामते-बलंद[11] जैसे भैरवी की मस्त तान
वो लोच जैसे मौजे-जूए-बार[12] ले के आई थी

ख़िराम[13] जैसे पेंग लेती हैं नयी जवानियाँ
क़याम जैसे दौलते-क़रार[14] ले के आई थी
मिज़्ह-मिज़्ह[15] पे जगमगा रहे थे अख़्तरे-उमीद[16]
पलक-पलक पे शामे-इन्तज़ार ले के आई थी

---

1. चमकता माथा, 2. उपवन की परछाईं, 3. मादक नैन, 4. जादूगरी, 5. हँसती हुई, 6. विजय का गर्व और विश्वास का भाव, 7. गालों, 8. लावण्य, 9. चिंगारी, 10. शराबी की शाम, 11. लम्बा क़द, 12. बहती धारा की लहर, 13. चाल, 14. स्थिरता की निधि, 15. पलक, चितवन, 16. आशा के तारे।

नफ़स-नफ़स[1] में नग़्मए-मसीह[2] की हलावतें
नज़र-नज़र में मरियमी विक़ार[3] ले के आई थी
अदा-अदा में ख़ुसरवाना[4] बाँकपन रचा हुआ
नुक़ूशे-पा[5] में ताजे-शहरयार[6] ले के आई थी

हर एक नाज़िशे-हसीं[7] सलोना बाँकपन लिए हुए
सलोनेपन में सुब्हे-कोहसार[8] ले के आई थी
वो गाती गुनगुनाती नौजवानी की ख़मोशियाँ
ख़मोशियों में वक़्त की पुकार ले के आई थी

बसन्ती सारी में छुपा हुआ सादा जवाँ बदन
जवाँ बदन पे रेशमी बहार ले के आई थी
वो संदली कलाइयाँ, वह सब्ज़ो-सुर्ख़ चूड़ियाँ
सुहाग ले के आई थी, सिंगार ले के आई थी

पसीने की हर बूँद में थे ज्यूँ निशाने-नजूम[9]
जबीं पे जुगनुओं की इक क़तार ले के आई थी
चटक रही थी क़हक़हों में हरसिंगार की कली
हँसी में नूरो-रंग की फुआर ले के आई थी

लहक रहे थे अँखड़ियों में गुलसिताँ ही गुलसिताँ
निगाह में बहार ही बहार ले के आई थी
मेरी उजाड़ ज़िन्दगी की चिलचिलाती धूप में
वो गेसुओं का अब्रे-इत्रवार[10] ले के आई थी

---

1. साँस, 2. ईसा का गीत, 3. गरिमा, 4. शाही, खुसरो जैसा, 5. पद-चिह्न, 6. राजमुकुट, 7. सुन्दर अदा, 8. पर्वत का प्रभात, 9 सितारों के चिह्न, 10. सुगन्धित बादल।

जली-जली रविश[1] को दे रही थी मुज़्दए-नुमूँ[2]
तपी-तपी ज़मीं पे आबशार ले के आई थी
उदास-उदास ज़ीस्त[3] को सुना रही थी बाँसुरी
घुटे-घुटे सुकूत[4] में सितार ले के आई थी

निगाहो-दिल का ज़िक्र क्या, तड़प के रूह रह गई
कुछ इस अदा से दावते-क़रार[5] ले के आई थी

1. क्यारी, 2. विकास का शुभ-सन्देश, 3. जीवन, 4. निस्तब्धता, 5. राहत, संतोष का निमन्त्रण।

वह शाम थी कितनी मस्तो-बेख़ुद, जो मुझको बेख़ुद बना रही थी
इक आग दिल की बुझा रही थी, इक आग दिल में लगा रही थी
नफ़स[1] में हल हो रही थीं पैहम[2] हवा की पुरकैफ़ो[3]-नर्म लहरें
फ़ज़ा की मस्ती सिमट-सिमटकर, दिलो-नज़र में समा रही थी

धुआँ-धुआँ था शफ़क़[4] का चेहरा, बुझी-बुझी थीं सुनहरी किरनें
हर-एक शै में थी बेख़ुदी-सी, हर एक शै सोई जा रही थी
धनक की रंगीन धारियों पर भी डाल दी थी घटा ने चादर
घटा की चादर में भी मचलती हुई धनक जगमगा रही थी

न शाम थी वह न झुटपुटा था, उठी थी इक भाप मयकदे से
जो रंग बनकर बरस रही थी, जो ख़ामशी बन के छा रही थी
इसी लतीफ़[5] और ख़ुनुक हवा में, इसी जमील[6] और हसीं फ़ज़ा में
खड़ी हुई रहगुज़र पे कोई जवाँ फ़ुसूँसाज़[7] गा रही थी

वह बाँसुरी की लतीफ़ लहरें, लतीफ़ लहरों में उसके नग़मे
ज़माना मसहूर[8] हो रहा था, ख़ुदाई हचकोले खा रही थी
नज़र में मूसीक़ियत थी लरज़ाँ, मचल रहे थे नफ़स में नग़मे
शबाब भी गुनगुना रहा था, हयात[9] भी गुनगुना रही थी

निगाह नग़मा, ख़िराम[10] नग़मा, कलाम नग़मा, पयाम नग़मा
हवा में नग़मे समो रही थी, फ़ज़ा में नग़मे घुला रही थी
सलोने होंटों की लरज़िशों में थी परफ़िशाँ[11] रूह मयकदे की
नज़र की सरशारियों में तख़ईले-सामिरी[12] थरथरा रही थी

उसी के जलवे, उसी का परतौ[13], उसी के नग़मे, उसी का जादू
उसी की दुनिया बसी हुई थी जिधर वो नज़रें उठा रही थी

---

1. साँस, 2. निरन्तर, 3. मादक, 4. सूर्यास्त की लाली, 5. सुखद, मृदुल, 6. सुन्दर, 7. जादूगरनी, 8. मन्त्रमुग्ध, जादू के प्रभाव में, 9. जीवन, 10. चाल, 11. फड़फड़ाती हुई, 12. प्रसिद्ध जादूगर सामिरी की कल्पना, 13. परछाईं।

दिलों की हालत इलाही तोबा, रुख़ों की रंगत इलाही तोबा
कभी कोई लहर आ रही थी, कभी कोई लहर जा रही थी

अदा में नर्मी, नवा[1] में गर्मी, निगह में शोख़ी, मिज़्ह[2] में जादू
हर इक को मस्तो-ख़राब करके हर एक पर मुस्करा रही थी
कभी नज़र से नज़र मिलाकर, कभी नज़र से नज़र बचाकर
डुबो रही थी, मिटा रही थी, पिला रही थी, छका रही थी

हर इक से बेगाना बन रही थी, दिलों को दे-दे के नर्म झटके
न वो किसी की न कोई मेरा, ये अजनबीयत बता रही थी
लबों पे जाँ खिंच के आ गई थी, बिगड़ चला था निज़ामे हस्ती[3]
वह मस्त लहरों में बाँसुरी की दिलों को झूला झुला रही थी

कहीं वो शाम आए 'कैफ़ी', मैं डूब जाऊँ वह गाए 'कैफ़ी'
उसी तरह फिर मिटाए 'कैफ़ी' कि जिस तरह से मिटा रही थी

1. स्वर, 2. चितवन, 3. जीवन की व्यवस्था।

•

लबालब हैं कहीं साग़र, कहीं ख़ाली पियाले हैं
ये कैसा दौर है साक़ी, ये क्या तक़सीम है साक़ी

नहीं पहचानता तेवर अभी तू तिश्नाकामों[1] के
तेरा दस्तूरे-बख़शिश लायक़े-तरमीम[2] है साक़ी

---

1. प्यासों, 2. बदलने योग्य।

•

न जाने चाँद ये थर्रा रहा है
कि कोई जामे-मय छलका रहा है

ज़मीं आईना होती जा रही है
फ़लक[1] काफ़ूर सा बरसा रहा है

ख़ुपा जाता है कुहरा चाँदनी में
धुआँ सीमाब[2] बनता जा रहा है

शुआएँ[3] क़ैद हैं दामे-हवा[4] में
फ़ज़ा में रंग-सा बल खा रहा है

हवाएँ इस तरह इठला रही हैं
कि रस पौधों का छलका जा रहा है

जहाँ पर इक ख़मोशी छा रही है
ख़मोशी पर तरन्नुम छा रहा है

किसी ने बाँसुरी भी लो बजा दी
कोई दिल पर क़यामत ढा रहा है

सुकूते-शब[5] का ख़ाबआवर[6] फ़साना
सुरों में जज़्ब होता जा रहा है

उभरती जाती हैं रह-रह के तानें
फ़लक थर्रा के उठता जा रहा है

---

1. आकाश, 2. पारा, 3. किरनें, 4. हवा का जाल, 5. रात का सन्नाटा, 6. नींद लाने वाला।

सिमटता है सिकुड़ता है उजाला
महो-अंजुम[1] को ग़श-सा आ रहा है

जमीं महवर[2] पे घूमी जा रही है
फ़लक मरकज़ पे झूमा जा रहा है

ख़ला में बस रही हैं मस्त तानें
दिले-अर्ज़ो-समा[3] लहरा रहा है

सितारे दे रहे हैं ताल पैहम
हर इक ज़र्रा थिरककर गा रहा है

हवा में उठ रही हैं ऐसी लहरें
कि ख़ुद नग़्मा झकोले खा रहा है

न जाने क्यों हर इक मीठी नवा[4] पर
दिले-नाकाम बैठा जा रहा है

किसी की शक्ल फिरती है नज़र में
कोई भूला हुआ याद आ रहा है

---

1. चाँद-तारे, 2. धुरी, 3. धरती और आकाश का हृदय 4. स्वर।

•

वो सर्द रात जबकि सफ़र कर रहा था मैं
रंगीनियों से जर्फ़े-नज़र[1] भर रहा था मैं

तेज़ी से जंगलों में उड़ी जा रही थी रेल
ख़ाबीदा[2] कायनात को चौंका रही थी रेल

मुड़ती, उछलती, काँपती, चिंघाड़ती हुई
कुहरे की वो दबीज़[3] रिदा[4] फाड़ती हुई

पहियों की गर्दिशों[5] में मचलती थी रागिनी
आहन[6] से आग बन के निकलती थी रागिनी

पहुँची जिधर ज़मीं का कलेजा हिला दिया
दामन में तीरगी[7] के गरेबाँ बना दिया

झोंके हवा के बर्फ़ बिछाते थे राह में
जल्वे समा रहे थे लरज़कर निगाह में

धोखे से छू गई जो कहीं सर्द उँगलियाँ
बिच्छू-सा डंक मारने लगती थीं खिड़कियाँ

पिछले पहर का नर्म धुँधलका था पुरफ़शाँ[8]
मायूसियों में जैसे उमीदों का कारवाँ

---

1. दृष्टि-पात्र, 2. सोई हुई, 3. मोटी, 4. चादर, 5. चक्करों, 6. लोहा, 7. अँधेरा, 8. बिखरा हुआ।

बे-नूर हो के डूबने वाला था माहताब[1]
कुहरे में खप गई थी सितारों की आबो-ताब[2]

क़ब्ज़े से तीरगी के सहर छूटने को थी
मशरिक़ के हाशिये में किरन फूटने को थी

कुहरे में था ढके हुए बाग़ों का यह समाँ
जिस तरह ज़ेरे-आब[3] झलकती हों बस्तियाँ

भीगी हुई ज़मीं थी, नमी सी फ़ज़ा में थी
इक किश्ते-बर्फ़[4] थी कि मुअल्लक़[5] हवा में थी

जादू के फ़र्श, सेहर[6] के सब सक़्फ़ो-बाम[7] थे
दोशे-हवा[8] पे परियों के सीमीं[9] ख़याम[10] थे

थी ठण्डे-ठण्डे नूर में खोई हुई निगाह
ढलकर फ़ज़ा में आई थी हूरों की ख़ाबगाह

बन-बन के फेन सूए-फ़लक[11] देखता हुआ
दरिया चला था छोड़ के दामन ज़मीन का

इस शबनमी धुँधलके में बगुले थे यों रवाँ
मौजों पे मस्त हो के चले जैसे मछलियाँ

डाला कभी फ़ज़ाओं में ख़त[12], खो गए कभी
झलके कभी उफ़क़[13] में निहाँ[14] हो गए कभी

---

1. चाँद, 2. चमक-दमक, 3. पानी के नीचे, 4. बर्फ की क्यारी, 5. झूलती हुई, 6. जादू, 7. छत और कोठे, 8. हवा के कंधे, 9. रुपहले, 10. डेरे (खेमे का बहुवचन), 11. आकाश की ओर, 12. रेखा, 13. क्षितिज, 14. लुप्त।

इंजन से उड़के काँपता फिरता था यों धुआँ
लेता था लहर खेत में कुहरे के आसमाँ

उस वक़्त क्या था रूह पे सदमा न पूछिए
याद आ रहा था किससे बिछुड़ना न पूछिए

दिल में कुछ ऐसे घाव थे तीरे-मलाल के
रो-रो दिया था खिड़की से गर्दन निकाल के

ये बरसात, ये मौसमे-शादमानी[1]
ख़सो-ख़ार[2] पर फट पड़ी है जवानी
भड़कता है रह-रह के सोज़े-मुहब्बत[3]
झमाझम बरसता है पुरशोर पानी

फ़ज़ा झूमती है, घटा झूमती है
दरख़्तों को ज़ौ बर्क़[4] की चूमती है
थिरकते हुए अब्र[5] का जज़्ब[6] तोबा
कि दामन उठाए ज़मीं घूमती है

कड़कती है बिजली, चमकती हैं बूँदें
लपकता है कौंदा, दमकती हैं बूँदें
रगे-जाँ पे रह-रह के लगती हैं चोटें
छमाछम ख़ला[7] में खनकती हैं बूँदें

फ़लक[8] गा रहा है, ज़मीं गा रही है
कलेजे में हर लय चुभी जा रही है
मुझे पा के इस मस्त शब में अकेला
यह रंगी घटा तीर बरसा रही है

चमकता है, बुझता है, थर्रा रहा है
भटकने की जूगनू सज़ा पा रहा है
अभी ज़ेह्न में था ये रोशन तख़य्युल[9]
फ़ज़ा में जो उड़ता चला जा रहा है

---

1. उल्लास की ऋतु, 2. घास-फूस (ख़स—तिनका; ख़ार—काँटा), 3. प्रेम की ज्वाला, 4. बिजली की चमक, 5. बादल, 6. आकर्षण, 7. शून्य, 8. आकाश, 9. कल्पना।

लचककर सँभलते हैं जब अब्र-पारे[1]
बरसते हैं दामन से दुमदार तारे
मचलती है रह-रह के दामन में बिजली
गुलाबी हुए जा रहे हैं किनारे

फ़ज़ा झूमकर रंग बरसा रही है
हर इक साँस शोला बनी जा रही है
कभी इस तरह याद आती नहीं थी
वो जिस तरह इस वक़्त याद आ रही है

भला लुत्फ़ क्या मंज़रे-पुरअसर[2] दे
कि अश्कों ने आँखों पे डाले हैं परदे
कहीं और जाकर बरस मस्त बादल
ख़ुदा तेरा दामन जवाहर से भर दे

---

1. बादल के टुकड़े, 2. प्रभावशाली दृश्य।

●

उठो, देखो वो आँधी आ रही है
उफ़क़[1] पर बर्क़[2] सी लहरा रही है
क़यामत हर तरफ़ मंडला रही है
ज़मीं हचकोले पैहम[3] खा रही है
उठो, देखो वो आँधी आ रही है

मचलती, झूमती हलचल मचाती
तड़पती, शोर करती दिल हिलाती
गरजती, चीख़ती, फ़ित्ने[4] उठाती
क़यामत को जगाकर ला रही है
उठो, देखो वो आँधी आ रही है

फ़ज़ा में आतशीं परचम उड़ाती
ज़मीं पर आग के धारे गिराती
शरारे[5] रोलती, शोले बिछाती
सुनहरी रोशनी फैला रही है
उठो, देखो वो आँधी आ रही है

भड़कती, आतिशे-सोज़ाँ[6] की सूरत
लपकती शोलए-पर्रां[7] की सूरत
उबलती बहरे-बे-पायाँ की सूरत
उबलकर सर पे आई जा रही है
उठो, देखो वो आँधी आ रही है

---

1. क्षितिज, 2. बिजली, 3. निरन्तर, 4. उपद्रव, 5. चिंगारियाँ, 6. सुलगती हुई आग, 7. उड़ती हुई लपटें।

फ़ज़ा कुल जंग का मैदाँ बनी है
हवा बिफरा हुआ तूफ़ाँ बनी है
ज़मीं गहवार-ए-ज़ुबाँ[1] बनी है
फ़लक से ख़ाक सर टकरा रही है
उठो, देखो वो आँधी आ रही है

बिठा रक्खे हैं पहरे बेकसी ने
ख़ज़ानों के फटे जाते हैं सीने
ज़मीं दहली, उभर आए दफ़ीने[2]
दफ़ीनों को हवा ठुकरा रही है
उठो, देखो वो आँधी आ रही है

निशानाते सितम[3] थर्रा रहे हैं
हुकूमत के अलम थर्रा रहे हैं
ग़ुलामी के क़दम थर्रा रहे हैं
ग़ुलामी अब वतन से जा रही है
उठो, देखो वो आधी आ रही है

---

1. राजमहल, 2. गड़ा हुआ धन, 3. अत्याचार के चिह्न।

●

उंसुरे-शायरी[1] न जा, नग़मए-सरमदी[2] न जा
छोड़ के मुझको जाँ-बलब[3], ऐ मेरी ज़िन्दगी न जा

तेरा ही अक्से-हुस्न है यह मेरे घर की चाँदनी
ऐ मेरे घर की चाँदनी, ले के यह चाँदनी न जा

तूने अभी कहा था खुद, तुम मुझे हो बहुत अज़ीज़
हाँ, मैं तुझे अजीज हूँ, रख ले मेरी ख़ुशी न जा

शामे-तरब[4] थी बेवफ़ा, सुब्ह से बढ़ के मिल गई
सुब्ह है हम पे ख़ंदाजन[5], ख़ैर ठहर अभी न जा

दीदए-नीमबाज़[6] में ख़्वाबे-जवाँ है लालाकार[7]
नींद पकड़ रही है पाँव, नींद में झूमती न जा

उफ़ यह नफ़स[8] की ख़स्तगी, उफ़ यह थका-थका सा जी
ऊँघ रही हैं मस्तियाँ, चूर है ज़िन्दगी न जा

देख यह शबनमी बहार, सुन यह ख़मोश भैरवी
ऐसी लतीफ़ सुब्ह को छोड़ के बावली न जा

ढाल के जर्फ़े-शेर[9] में, बसा के इत्रे-ज़ौक़[10] में
तुझ पे अभी लुटाऊँगा, दहर[11] की सरख़ुशी[12], न जा

होंट तेरे लरज़ गए, रुख़ से शफ़क[13] बरस पड़ी
अब ये ज़िदें फजूल हैं, रूठ के अब चली न जा

---

1. कविता के तत्त्व, 2. अमर गीत, 3. जान होंटों पर, 4. सुख (प्रणय) की रात, 5. हँसी उड़ाना, हँसना, 6. अधखुली आँखें, 7. खुले हुए, 8. साँस, 9. काव्य-पात्र, 10. सुरुचि की सुरभि (सुगन्ध), 11. संसार, 12. हर्षातिरेक, 13. उषा।

पीरी[1] : यह आँधी, यह तूफ़ान, ये तेज़ धारे
कड़कते तमाशे, गरजते नज़ारे
अँधेरी फ़ज़ा, साँस लेता समन्दर
न हमराह मिशअल[2], न गर्दूं[3] पे तारे
मुसाफ़िर, खड़ा रह अभी जी को मारे

शबाब[4] : उसी का है साहिल, उसी के कगारे
तलातुम[5] में फँसकर जो दो हाथ मारे
अँधेरी फ़ज़ा, साँस लेता समन्दर
युँ ही सर पटकते रहेंगे ये धारे
कहाँ तक चलेगा किनारे-किनारे

---

1. बुढ़ापा, 2. मशाल, 3. आकाश, 4. जवानी, 5. बाढ़, तूफान।

•

ये बिखरे से गेसू, यह आँखों में लाली
अरे, हुस्ने-ज़ालिम की आशुफ़्ता-हाली[1]
ये रोई हुई फीकी-फीकी सी आँखें
और आँखों में ये नर्म डोरे गुलाली

शिकस्ता-शिकस्ता[2] यह रंगे-मसर्रत[3]
चकीदा-चकीदा[4] ये अश्के-जलाली[5]
परीदा-परीदा[6] यह चेहरे की रंगत
रमीदा-रमीदा[7] यह रुख़ की बहाली

लबे-लाल ये मुर्तइश-मुर्तइश[8] से
यह कुछ सिमटी-सिमटी सी होटों की लाली
ये कुछ बहकी-बहकी सी सफ़्फ़ाक[9] नज़रें
यह कुछ सहमी-सहमी सी फ़रख़ुंदा-हाली[10]

ये कुछ उलझे-उलझे परीशाँ तख़य्युल[11]
यह कुछ भटकी-भटकी सी रोशनख़याली
ये कुछ रूठे-रूठे से जज़्बाते-उल्फ़त[12]
न शोख़ी, न अश्वे[13], न शीरीं-मक़ाली[14]

मेरे हस्बे-वादा[15] न आने से शायद
हुई हसरतो-शौक़ की पायमाली

न कर अब ख़ुदा-रा ज़ियादा पशेमाँ[16]
कि आख़िर हूँ इक शायरे ला-उबाली

---

1. उद्विग्नता, 2. टूटा-टूटा, 3. उल्लास का रंग, 4. टपका हुआ, 5. भटके हुए आँसू, 6. उड़ी-उड़ी, 7. भागी हुई, विलुप्त, 8. काँपते हुए, 9. निष्ठुर, निर्मम, 10. आसूदगी, कल्याणमयी स्थिति, 11. कल्पना, 12. प्रेम के भाव, 13. नाज़-नखरे, 14. मीठे बोल बोलना, 15. वादे के अनुसार, 16. लज्जित।

औरत

उठ मेरी जान ! मेरे साथ ही चलना है तुझे
क़ल्बे-माहौल[1] में लरज़ाँ[2] शररे-जंग[3] हैं आज
हौसले वक़्त के और ज़ीस्त[4] के यकरंग हैं आज
आबगीनों[5] में तयाँ वलवलए-संग[6] हैं आज
हुस्न और इश्क़ हमआवाज़ो-हम आहंग[7] हैं आज
जिसमें जलता हूँ उसी आग में जलना है तुझे
उठ मेरी जान ! मेरे साथ ही चलना है तुझे
तू कि बेजान खिलौनों से बहल जाती है
तपती साँसों की हरारत से पिघल जाती है
पाँव जिस राह में रखती है फिसल जाती है
बन के सीमाब[8] हर इक ज़र्फ़[9] में ढल जाती है
ज़ीस्त के आहनी साँचे में भी ढलना है तुझे
उठ मेरी जान! मेरे साथ ही चलना है तुझे
ज़िन्दगी जेहद[10] में है सब्र के क़ाबू में नहीं
नब्ज़े-हस्ती का लहू काँपते आँसू में नहीं
उड़ने खुलने में है नकहत[11] ख़मे-गेसू[12] में नहीं
जन्नत इक और है जो मर्द के पहलू में नहीं
उसकी आज़ाद रविश पर भी मचलना है तुझे
उठ मेरी जान ! मेरे साथ ही चलना है तुझे
गोशे-गोशे में सुलगती है चिता तेरे लिए
फ़र्ज़ का भेस बदलती है क़ज़ा[13] तेरे लिए
क़हर है तेरी हर इक नर्म अदा तेरे लिए
ज़हर ही ज़हर है दुनिया की हवा तेरे लिए

1. वातावरण का मर्मस्थल (हृदय), 2. कम्पित, 3. युद्ध की चिंगारियाँ, 4. जीवन, 5. शराब की बोतल, 6. पत्थर की उमंग, 7. एक स्वर और एक लय रखने वाले, 8. पारा, 9. पात्र, 10. संघर्ष, 11. महक, 12. बालों के घुमाव (घूँघर), 13. मृत्यु।

रुत बदल डाल अगर फूलना-फलना है तुझे
उठ मेरी जान ! मेरे साथ ही चलना है तुझे

क़द्र अब तक तेरी तारीख ने जानी ही नहीं
तुझमें शोले भी हैं बस अश्कफ़िशानी[1] ही नहीं
तू हक़ीक़त भी है दिलचस्प कहानी ही नहीं
तेरी हस्ती भी है इक चीज़ जवानी ही नहीं
अपनी तारीख़ का उनवान[2] बदलना है तुझे
उठ मेरी जान ! मेरे साथ ही चलना है तुझे

तोड़कर रस्म का बुत बन्दे-क़दामत[3] से निकल
ज़ोफ़े-इशरत[4] से निकल, वह्मे-नज़ाकत[5] से निकल
नफ़्स[6] के खींचे हुए हल्क़ए-अज़्मत[7] से निकल
यह भी इक क़ैद ही है, क़ैदे-मुहब्बत से निकल
राह का ख़ार ही क्या गुल भी कुचलना है तुझे
उठ मेरी जान ! मेरे साथ ही चलना है तुझे

तोड़ यह अज़्म-शिकन[8] दग़दग़ए-पंद[9] भी तोड़
तेरी ख़ातिर है जो ज़ंज़ीर वह सौगन्ध भी तोड़
तौक़ यह भी है ज़मर्रुद का गुलूबन्द भी तोड़
तोड़ पैमानए-मर्दाने-ख़िरदमन्द[10] भी तोड़.
बन के तूफ़ान छलकना है उबलना है तुझे
उठ मेरी जान ! मेरे साथ ही चलना है तुझे

तू फ़लातूनो-अरस्त है तू जुहरा[11] परवीं[12]
तेरे क़ब्जे में है गर्दू[13], तेरी ठोकर में ज़बीं[14]
मैं भी रुकने का नहीं, वक़्त भी रुकने का नहीं
लड़खड़ायेगी कहाँ तक कि सँभलना है तुझे
उठ मेरी जान ! मेरे साथ ही चलना है तुझे

---

1. आँसू बहाना, 2. शीर्षक, 3. प्राचीनता के बन्धन, 4. ऐश्वर्य की दुर्बलता, 5. कोमलता का भ्रम, 6. आकांक्षा, 7. बड़प्पन का दायरा, 8. संकल्प भंग करने वाला, 9. उपदेश की आशंका, 10. समझदार पुरुषों के मापदण्ड, 11. शुक्र ग्रह, सुन्दरता का प्रतीक, 12. कृत्तिका नक्षत्र (सुन्दरता का प्रतीक), 13. आकाश, 14. भाग्य के चरण।

•

अज़ा[1] में बहते थे आँसू यहाँ लहू तो नहीं,
ये कोई और जगह होगी लखनऊ तो नहीं।

यहाँ तो चलती हैं छुरियाँ ज़बान से पहले,
ये मीर 'अनीस' की, 'आतश' की गुफ़्तुगू तो नहीं।

टपक रहा है जो ज़ख़्मों से दोनों फ़िरक़ों के,
ब-गौर देखो ये इस्लाम का लहू तो नहीं।

तुम इसका रख लो कोई और नाम मौज़ूँ-सा,
किया है ख़ून से जो तुमने वो वज़ू तो नहीं।

बुझा रहे हैं जिसे आप अपने दामन से,
कहीं वो आप ही की शम्अ-ए-आरज़ू तो नहीं।

समझ के माल मेरा जिसको तुमने लूटा है,
पड़ोसियो ! वो तुम्हारी ही आबरू तो नहीं।

---

1. शोक।

•

बुत-शिकन कोई कहीं से भी न आने पाए
हमने कुछ बुत अभी सपने में सजा रक्खे हैं
अपने ख़ाबों में बसा रक्खे हैं

दिल पे ये सोच के पथराव करो दीवानो।
कि जहाँ हमने सनम अपने छुपा रक्खे हैं
वहीं 'ग़ज़नी' के ख़ुदा रक्खे हैं।

बुत जो टूटे तो किसी तरह बना लेंगे उन्हें
टुकड़े-टुकड़े सही दामन में उठा लेंगे उन्हें
फिर से उजड़े हुए सपने में सजा लेंगे उन्हें।

गर ख़ुदा टूटेगा हम तो न बना पाएँगे
उसके बिखरे हुए टुकड़े न उठा पाएँगे
तुम उठा लो तो उठा लो शायद
तुम बना लो तो बना लो शायद।

तुम बनाओ तो ख़ुदा जाने बनाओ कैसा
अपने जैसा ही बनाया तो क़यामत होगी
प्यार होगा न ज़माने में मुहब्बत होगी
दुश्मनी होगी अदावत होगी
हमसे उसकी न इबादत होगी।

वहशते-बुतशिकनी देख के हैराँ हूँ मैं,
बुतपरस्ती मेरा शेवा है कि इंसाँ हूँ मैं।
इक न इक बुत तो हर इक दिल में छुपा होता है
उसके सौ नामों में इक नामे-ख़ुदा होता है।

●

ऐ सबा[1] लौट के किस शहर से तू आती है
तेरी हर लहर से बारूद की बू आती है

ख़ूँ कहाँ बहता है इन्सान का पानी की तरह
जिससे तू रोज़ यहाँ करके वज़ू आती है

धज्जियाँ तूने नक़ाबों की गिनी तो होंगी
यूँ ही लौट आती है या करके वज़ू आती है

अपने सीने में चुरा लाई है आहें किसकी
मल के रुख़सार पे किस-किस का लहू आती है

1. पुरवाई।

•

वो कभी धूप कभी छाँव लगे
मुझे क्या क्या न मेरा गाँव लगे

किसी पीपल के तले जा बैठें
अब भी अपना जो कोई दाँव लगे

एक रोटी के तअक़्क़ुब[1] में चला हूँ इतना
कि मेरा पाँव किसी और ही का पाँव लगे

रोटी-रोजी की तलब जिसको कुचल देती है
उसकी ललकार भी इक सहमी हुई म्याँव लगे

जैसे देहात में लू लगती है चरवाहों को
बम्बई में यूँ ही तारों की हसीं छाँव लगे

---

1. पीछा करना।

●

वो भी सराहने लगे अरबाबे-फ़न[1] के बाद
दादे-सुख़न[2] मिली मुझे तर्के-वतन[3] के बाद

दीवानावार चाँद से आगे निकल गए
ठहरा न दिल कहीं भी तेरी अंजुमन के बाद

एलाने-हक़ में ख़तरा-ए-दारो'रसन[4] तो है
लेकिन सवाल ये है कि दारो-रसन के बाद

होंटों को सी के देखिए पछताइएगा आप
हंगामे जाग उठते हैं अक्सर घुटन के बाद

ग़ुरबत[5] की ठण्डी छाँव में याद आई उसकी धूप
क़द्रे-वतन[6] हुई हमें तर्के-वतन के बाद

इंसाँ की ख़ाहिशों की कोई इन्तेहा नहीं
दो गज़ ज़मीन चाहिए, दो गज कफ़न के बाद

---

1. कलाकारगण, 2. कविता की प्रशंसा, 3. वतन छोड़ना, 4. फाँसी पाने का ख़तरा, 5. परदेश, 6. वतन के मूल्य की पहचान।

•

शोर यूँ ही न परिन्दों ने मचाया होगा,
कोई जंगल की तरफ़ शहर से आया होगा।

पेड़ के काटने वालों को ये मालूम तो था,
जिस्म जल जाएँगे जब सर पे न साया होगा।

बानी-ए-जश्ने-बहाराँ[1] ने ये सोचा भी नहीं,
किसने काँटों को लहू अपना पिलाया होगा।

अपने जंगल से जो घबरा के उड़े थे प्यासे,
ये सराब[2] उनको समन्दर नज़र आया होगा।

बिजली के तार पे बैठा हुआ तन्हा पंछी,
सोचता है कि वो जंगल तो पराया होगा।

---

1. बसन्त उत्सव के प्रेरणा स्रोतो, 2. धोखा।

●

वो वतन की आबरू कल शान्ति बन के क़रीब
यूँ ज़मीं पर सो रही थी जैसे मुफ़लिस का नसीब

आँखें वा[1] थीं, दीदे गर्दिश[2] में थे साकित[3] थी ज़बाँ
और नाज़ुक जिस्म में पेवस्त लाखों सूइयाँ

ग़ौर से देखा तो दिल को और हैरानी हुई
सूइयाँ सारी थीं मेरी जानी पहचानी हुई

सूइयाँ हिन्दू भी थीं मुस्लिम भी थीं कुछ सिख भी थीं
और था उनके शिकंजे में वो जिस्मे-नाज़नीं[4]

कुछ थीं ऊँची ज़ात की जो इसलिए थीं सुर्ख़रू
बेतकल्लुफ़ पीती थीं वो नीची ज़ातों का लहू

एक इक सूई के लब पर उसके सूबे का था नाम
चाहती थीं सब अलग भारत से अपनी सुबहो-शाम

मैंने डरते-डरते आख़िर कर लिया उससे सवाल
क्या हुआ, कैसे हुआ, किसने किया ये तेरा हाल

बोली वो अपनों ही के हाथों हुई ये मेरी गत
मैंने पूछा नाम तो उसने कहा जमहूरियत

सुन के उसका नाम इन आँखों में आँसू आ गए
बोली वो तुम तो ज़रा सी बात में घबरा गए

उसका रोना क्या मैं पहले क्या थी और क्या हूँ अभी
सूइयाँ चुन लो तो देखोगे कि ज़िन्दा हूँ अभी

---

1. खुली हुई, 2. दृष्टि चकरा रही थी, 3. स्तब्ध, 4. सुकोमल शरीर।

•

की है कोई हसीन ख़ता हर ख़ता के साथ,
थोड़ा-सा प्यार भी मुझे दे दो सज़ा के साथ।

गर डूबना ही अपना मुक़द्दर है तो सुनो,
डूबेंगे हम ज़रूर मगर नाख़ुदा[1] के साथ।

मंज़िल से वो भी दूर था और हम भी दूर थे,
हमने भी धूल उड़ायी बहुत रहनुमा के साथ

रक़्से-सबा[2] के जश्न में हम तुम भी नाचते,
ऐ काश तुम भी आ गए होते सबा के साथ

ऐसा लगा ग़रीबी की रेखा से हूँ बलन्द
पूछा किसी ने हाल कुछ ऐसी अदा के साथ।

---

1. खेवनहार, माँझी, 2. पुरवाई का नृत्य।

●

ऐ थके-हारे समन्दर तू मचलता क्यों नहीं
तू उछलता क्यों नहीं

साहिलों को तोड़ के बाहर निकलता क्यों नहीं
तू मचलता क्यों नहीं
तू उछलता क्यों नहीं

तेरे साहिल पर सितम की बस्तियाँ आबाद हैं
शहर के मेमार[1] सारे खानमाँ-बरबाद[2] हैं
ऐसी काली बस्तियों को तू निगलता क्यों नहीं
तू उछलता क्यों नहीं
तू मचलता क्यों नहीं

तुझमें लहरें हैं न मौजें हैं न शोर
ज़ुल्म से बेज़ार दुनियाँ देखती है तेरी ओर
तू उबलता क्यों नहीं
तू उछलता क्यों नहीं
तू मचलता क्यों नहीं

ऐ थके-हारे समन्दर तू मचलता क्यों नहीं
तू उछलता क्यों नहीं

---

1. घर बनाने वाले, 2. जिनका घर बरबाद हो।

यारो ! सितम अब न सहो
खोलो ज़बाँ चुप न रहो
फ़िरक़ापरस्तों से कहो

करते रहो मश्क़े-सितम[1]
हमने भी खाई है क़सम
या तुम नहीं या हम नहीं

पत्थर से सर टकराएँ क्या
दर पर तुम्हारे आएँ क्या
रूदादे-ग़म[2] दोहराएँ क्या

कहते हैं जलते-अश्के-ग़म[3]
या तुम नहीं या हम नहीं

माना फ़ुज़ूँ[4] है हौसला
ये जंग का है मरहला[5]
आसाँ नहीं है फैसला

इतना तो होगा कम-से-कम
या तुम नहीं या हम नहीं

---

1. अत्याचार की पुनरावृत्ति या अभ्यास, 2. दुख की कथा, 3. दुख के आँसू, 4. अधिक, 5. परिस्थिति।

•

मैं यह सोचकर उसके दर से उठा था
कि वह रोक लेगी, मना लेगी मुझको
हवाओं में लहराता आता था दामन
कि दामन पकड़कर बिठा लेगी मुझको
क़दम ऐसे अन्दाज़ में उठ रहे थे
कि आवाज़ देकर बुला लेगी मुझको

कि उसने रोका न मुझको मनाया
न दामन ही पकड़ा न मुझको बिठाया
न आवाज़ ही दी, न मुझको बुलाया
मैं आहिस्ता-आहिस्ता बढ़ता ही आया

यहाँ तक कि उससे जुदा हो गया मैं

●

दोस्त मैं दामन बचाता किस तरह

मुझसे शाने-जल्वाफ़र्माई[1] न पूछ
किस तरह वो सामने आई न पूछ
उसका हुस्न और उसकी रानाई[2] न पूछ
वो हिजाब-आलूदा[3] अँगड़ाई न पूछ
दिल न क़दमों पर लुटाता किस तरह

वो तबस्सुम[4], वो तरन्नुम, वो शबाब
वो निगाहें, वो अदाएँ, वो हिजाब[5]
उसके आरिज़ में लहकता है गुलाब
उसकी आँखों में बरसती है शराब
पी के बेख़ुद हो न जाता किस तरह

उसके होंटों पर जब आती है हँसी
फैल जाती है फ़ज़ा में चाँदनी
वो है चलती-फिरती जूही की कली
वो है हँसती-मुस्कराती बाँसुरी
गीत उल्फ़त के न गाता किस तरह

ढूँढता था हुस्न उसका तख़्तो-ताज
माँगती थी उसकी रानाई ख़िराज[6]
सोहनी का नाज़, राधा का मिज़ाज
चाहती थी कर ले मेरे दिल पे राज
मैं भला आँखें चुराता किस तरह

---

1. रूप दिखाने की छटा, 2. नजाकत, सिंगार, 3. लज्जा भरी, 4. मुस्कान, 5. लाज, संकोच, 6. वह धन जो अधीन राज्य बड़े राज्य को देता है।

दिल पे हँसकर तीर खाना ही पड़ा
उसके आगे सर झुकाना ही पड़ा
होश मजबूरन गँवाना ही पड़ा
ज़ब्त का ख़िरमन[1] जलाना ही पड़ा-

और जलाता तो बुझाता किस तरह
दोस्त मैं दामन बचाता किस तरह

---

1. भण्डार, खलिहान।

•

अब तुम आग़ोशे-तसव्वुर[1] में भी आया न करो
मुझसे बिखरे हुए गेसू नहीं देखे जाते
सुर्ख़ आँखों की क़सम, काँपती पलकों की क़सम
थरथराते हुए आँसू नहीं देखे जाते

अब तुम आग़ोशे-तसव्वुर में भी आया न करो
छूट जाने दो जो दामने-वफ़ा छूट गया
क्यूँ ये नाज़ीदा-ख़िरामी[2] पे पशीमाँ-नज़री[3]
तुमने तोड़ा तो नहीं रिश्त-ए-दिल टूट गया

अब तुम आग़ोशे-तसव्वुर में भी आया न करो
मेरी आहों से ये रुख़सार न कुम्हला जाएँ
ढूँढती होगी तुम्हें रस में नहायी हुई रात
जाओ कलियाँ न कहीं सेज की मुरझा जाएँ

अब तुम आग़ोशे-तसव्वुर में भी आया न करो
मैं इस उजड़े हुए पहलू में बिठा लूँ न कहीं
लबे-शीरीं[4] का नमक, आरिज़े-नमकीं[5] की मिठास
अपने तरसे हुए होंटों में चुरा लूँ न कहीं

अब तुम आग़ोशे-तसव्वुर में भी आया न करो
तुमको ये रस्म भी दुनिया न निभाने देगी
बढ़ के दामन से लिपट जाएगी यूँ ताज़ा बहार
तेरी आग़ोशे-तसव्वुर में न आने देगी

---

1. कल्पना की गोद (परिधि), 2. नाज से चलना, 3. लज्जित होकर देखना, 4. मीठे होंट, 5. नमकीन गाल।

जाग उठी है फ़ितरते-फ़नकार[1]
अब किधर जा रही है जाने-बहार
तेरी तस्वीर खींचना है मुझे
और आहिस्ता, ऐ सुबुक-रफ़्तार[2]

चश्मे-बद-दूर[3] ऐ क़दे-बाला[4]
जैसे मशरिक़ सुब्हे-नौ[5] का उभार
बेल जाती हुई मुँडेरों पर
धूप चढ़ती हुई सरे-दीवार

वक़्त की गर्म चुटकियों में तीर
हुस्न के दस्ते-संदली[6] में सितार
कोई देवी हाथ में लिए है शम्अ
कोई चंचल छुटा रही है अनार

यह जवाँ जिस्म, ये लतीफ़[7] बदन
जैसे साँचे में ढल गई है फुआर
ख़ून दौड़ा दिया है फ़ितरत ने
गूँथकर कच्चे मोतियों के हार

जिल्द[8] की नाज़ुकी में ख़ाबीदा[9]
चाँदनी रात का जवाँ ख़ुमार
ख़ून की गर्दिशों[10] में रक़्संदा[11]
सुब्हे-कश्मीरो-शामे-शालागार

---

1. कलाकार की प्रकृति, 2. मन्दगामिनी, 3. बुरी नज़र दूर रहे, 4. ऊँचा क़द, 5. नवप्रभात, 6. चन्दन जैसे हाथ, 7. कोमल, मृदुल, रसमय, 8. त्वचा, 9. सोया हुआ, 10. भ्रमण, 11. नाचती हुई।

शाख़े-बिल्लूर[1] में असीर[2] धनक
मौजे-लरज़ाँ[3] में क़ैद अक्से-बहार[4]
हमातन[5] नशए - हमआग़ोशी[6]
हमातन सरख़ुशिए-बोसो-कनार[7]

भिंच के खिलने की हसरते-ज़िन्दा[8]
खिल के भिंचने की लज़्ज़ते-जानदार[9]
फूल-से जिस्म पर सफ़ेद लिबास
चाँदनी ओढ़कर खड़ी है बहार

तेरी आँखें तेरी हसीं आँखें
दफ़अतन[10] तिश्ना[11], दफ़अतन सरशार[12]
ज़िन्दा करने पे दफ़अतन मायल[13]
जान लेने पे दफ़अतन तैयार

मुझको चौंका के आप खाबीदा
मुझको बेहोश करके ख़ुद हुशियार
ये तेरे रस-भरे गुलाबी होंट
सुर्ख़, शादाब[14], शक्करीं, गुलनार

इन्हीं होंटों में मुज़तरिब[15] नग़्मे
इन्हीं होटों में मुनजमिद[16] झंकार
इन्हीं होंटों में राज़ की खुनकी
इन्हीं होंटों में गर्मिए-इज़हार[17]

---

1. स्फटिक की कहानी, 2. बन्दी, 3. काँपतीं हुई लहर, 4. वसन्त ऋतु का प्रतिबिम्ब, 5. साकार, 6. आलिंगन का नशा, 7. चुम्बन और आलिंगन का हर्ष, 8. जीवित आकांक्षा, 9. सजीव आनन्द, 10. अचानक, 11. प्यासा, 12. तृप्त, 13. रुचि लेना, 14. हरा-भरा, सम्पन्न, 15. बेचैन, 16. जमे हुए, 17. अभिव्यक्ति की गर्मी (उत्साह)।

इन्हीं होंटों में लहलहाते फूल
इन्हीं होंटों में मुस्कराते शरार[1]
तू मुजस्सम[2] कमाल का बाज़ार
तू मुकम्मल फ़सान-ए-गुलशन[3]

तू मुकम्मल हदीसे-बाग़ो-बहार[4]
तू सरापा[5] कमाले-हुस्नो-शबाब[6]
तू सरापा तिलिस्मे-नक़्शो-निगार[7]
तू नजाक़त की अव्वली[8] पहचान

तू लताफ़त का आख़िरी मेआर[9]
तेरी ठोकर में सैकड़ों त्यौहार
तू जो लचके लचक पड़े आकाश
तू जो झूमे तो झूम उठे संसार

ज़ेह्ने-क़ुदरत[10] की अव्वली तख़ईल[11]
दस्ते-फ़ितरत[12] का आखिरी शहकार[13]
रोक सकता है कौन तुझको मगर
अभी तिश्ना है हसरते-दीदार[14]

जा, तेरे साथ-साथ जाएगी
यह फ़ज़ा, यह हवा, यह रुत, यह बहार

1. चिंगारियाँ, 2. साकार, 3. उपवन की कहानी, 4. उपवन और मधुमास का विवरण, 5. सर से पैर तक, साकार, 6. रूप और यौवन का चमत्कार, 7. बेल-बूटों का रहस्य, 8. पहली, प्रथम, 9. मानदण्ड, 10. प्रकृति की बुद्धि, 11. कल्पना, 12. प्रकृति के हाथ, 13. श्रेष्ठ कृति, 14. दर्शन-अभिलाषा।

•

रूह बैचेन है इक दिल की अज़ीयत[1] क्या है
दिल ही शोला है तो यह सोज़े-मुहब्बत[2] क्या है
वह मुझे भूल गई इसकी शिकायत क्या है
रंज तो यह है कि रो-रोके भुलाया होगा

वह कहाँ और कहाँ काहिशे-ग़म[3] सोज़िशे-जाँ[4]
उसकी रंगीन नज़र और नुक़ूशे-हरमाँ[5]
उसका एहसासे-लतीफ़[6] और शिकस्ते-अरमाँ[7]
तानाज़न[8] एक ज़माना नज़र आया होगा

झुक गई होगी जवाँ-साल[9] उमंगों की जबीं[10]
मिट गई होगी ललक, डूब गया होगा यक़ीं
छा गया होगा धुआँ, घूम गई होगी ज़मीं
अपने पहले ही घरौंदे को जो ढाया होगा

दिल ने ऐसे भी कुछ अफ़साने सुनाए होंगे
अश्क आँखों ने पिए और न बहाए होंगे
बन्द कमरे में जो ख़त मेरे जलाए होंगे
एक-इक हर्फ़ जबीं पे उभर आया होगा

उसने घबरा के नज़र लाख बचाई होगी
मिट के इक नक़्श ने सौ शक्ल दिखाई होगी
मेज़ से जब मेरी तस्वीर हटाई होगी
हर तरफ़ मुझको तड़पता हुआ पाया होगा

---

1. व्यथा, पीड़ा, 2. प्रेम की आँच (पीड़ा), 3. व्यथा से दब जाना, 4. जान का जलना, 5. निराशा की आकृतियाँ, 6. कोमल भावनाएँ, 7. अभिलाषाओं का भंग होना, 8. व्यंग्य करता हुआ, 9. अल्पवयस्क, 10. माथा।

बे-महल[1] छेड़ पे जज़्बात उबल आए होंगे
ग़म पशेमान[2] तबस्सुम में ढल आए होंगे
नाम पर मेरे जब आँसू निकल आए होंगे
सर ने काँधे से सहेली के उठाया होगा

ज़ुल्फ़ ज़िद करके किसी ने जो बनाई होगी
रूठे जल्वों पे ख़िज़ाँ और भी छायी होगी
बर्क़[3] अश्वों[4] ने कई दिन न गिराई होगी
रंग चेहरे पे कई रोज़ न आया होगा

---

1. बे-मौका, अनुचित समय पर, 2. लज्जित, 3. बिजली, 4. नाज़, अदा।

●

ज़िन्दगी से गराँ[1] जवानी है
रहम अपने पे खाइए, कैफ़ी
देखकर अब कहीं घना साया
आप भी बैठ जाइए कैफ़ी

जज़्बए-रहम[2] उभार देता है
है अजब चीज़ दौरे-इशरत[3] भी
याद अहृदे-वफ़ा[4] भी है तेरा
याद रक्खूँगा यह नसीहत भी

1. महँगी, 2. दया-भाव, 3. सुख-समृद्धि के दिन, 4. निष्ठा का वचन।

मुज़्दः[1] मायूस वतन गोद के पाले आये
फिर सरे बज़्म[2] तिरे चाहने वाले आये
साज़िशें[3] देख के ज़ुल्मत[4] के उजाले आये
तिश्ना होंठों[5] की तरफ़ उड़ के पियाले आए
उन्हीं जकड़े हुए हाथों में उठा ले हमको
कभी आँखों कभी होठों से लगा ले हमको

बस्तियों में कोई रौनक़ है न मैदानों में
गुलिस्ताँ ख़ाक बसर फिरते हैं वीरानों में
ख़ार[6] ही ख़ार हैं ता'मीर[7] के गुलदानों में
क़हृत[8] के ढेर लगा रखे हैं खलियानों में
कभी काटे थे अँगूठे तिरे अय्यारी ने
आज बाजू भी कलम कर दिए बेकारी ने

बिजलियाँ निज़्द-ए-नशेमन[9] हैं ख़बर है कि नहीं
दोस्त की शक्ल के दुश्मन हैं ख़बर है कि नहीं
कुछ फुसूँ[10] पर पसे चिल्मन हैं ख़बर है कि नहीं
और कुछ दस्त बः दामन[11] हैं ख़बर है कि नहीं
दे के इम्दाद कोई फिर न दग़ा दे तुझको
यह चराग़-ए-तह-ए-दामाँ[12] न जला दे तुझको

हम बसायेंगे सजायेंगे सँवारेंगे तुझे
हर मिटे नक़्श को चमका के उभारेंगे तुझे

1. धन्यवाद, शुभ समाचार, 2. सभा में, 3. षड़यन्त्र, 4. अन्धकार, 5. प्यासे होंठ, 6. काँटे, 7. निर्माण, 8. अकाल, 9. घर के निकट, 10. माया लोभी, 11. पल्ले या दामन में हाथ, 12. दामन के नीचे जलता हुआ चिलम।

अपनी शह रग का लहू दे के निखारेंगे तुझे
दार पर चढ़ के फिर इक बार पुकारेंगे तुझे
राह अग़ियार[1] की देखें यह भले तौर नहीं
हम भगत सिंह के साथी हैं कोई और नहीं

हम वो दीपक हैं जो आँधी में जला करते हैं
हम वो गुन्चे हैं जो बिजली पे हँसा करते हैं
दर्द बन के दिल-ए-गीती[2] में उठा करते हैं।
उठ के आईन-ए-फुग़ाँ[3] तोड़ दिया करते हैं
ज़ुल्मत-ए-ग़म[4] में चमक उठते हैं तारों की तरह
दौड़ जाते हैं फ़िज़ाओं में शरारों[5] की तरह

ज़िन्दगी हम से सदा शो'ला जवानी माँगे
इल्म-ओ-हिक्मत का ख़ज़ाना हमःदानी[6] माँगे
ऐसी ललकार कि तलवार भी पानी माँगे
ऐसी रफ़्तार कि दरिया भी रवानी माँगे
जोश सीनों में भड़कता है ज्वाला जैसे
इत्तिहाद इतना मुनज़्ज़म[7] है हिमाला जैसे

भूख ने, प्यास ने, इफ़्लास[8] ने पाला है हमें
कभी बहके हैं तो फ़ाक़ों ने सँभाला है हमें
जब्र[9] ने आहनी तंज़ीम[10] में ढाला है हमें
झोंपड़े फूँक के मैदाँ में निकाला है हमें
आज हर मोड़ पे लिक्खेंगे कहानी अपनी
अपनी धरती में समो देंगे जवानी अपनी

---

1. अन्य, ग़ैर, दूसरे, 2. दिल की दुनिया, 3. विलाप का नियम, 4. दुखी अंधियारा, 5. चिंगारी, 6. सर्वज्ञता, 7. संगठन इतना संगठित, 8. निर्धनता, 9. हिंसा, 10. लौह संगठन।

यह साँप आज जो फन उठाये
मिरे रास्ते में खड़ा है
पड़ा था क़दम चाँद पर मेरा जिस दिन
उसी दिन उसे मार डाला था मैंने
उखाड़े थे सब दाँत, कुचला था सर भी
मरोड़ी थी दुम, तोड़ दी थी कमर भी

मगर चाँद से झुक के देखा जो मैंने
तो दुम उसकी हिलने लगी थी
यह कुछ रींगने भी लगा था

यह कुछ रींगता कुछ घिसटता हुआ
पुराने शिवालय की जानिब चला
जहाँ दूध उसको पिलाया गया
पढ़े पण्डितों ने कई मन्तर ऐसे
यह कमबख़्त फिर से जलाया गया
शिवालय से निकला वो फुंकारता
रग-ए-अर्ज़[1] पर डंक सा मारता

बढ़ा मैं कि इक बार फिर सर कुचल दूँ
उसे भारी क़दमों से अपने मसल दूँ
क़रीब एक वीरान मस्जिद थी, मस्जिद में
यह जा छुपा
जहाँ उसको पेट्रोल से गुस्ल देकर

1. पृथ्वी की रग पर।

हसीन एक तावीज़ गर्दन में डाला गया
हुआ जितना सदियों में इंसाँ बुलन्द
यह कुछ उससे ऊँचा उछाला गया
उछल के यह गरजा कि देहलीज़ पे जा गिरा
जहाँ उसको सोने की केंचुल पहनाई गई
सलीब एक चाँदी की सीने पे उसके सजाई गयी

दिया जिसने दुनिया को पैग़ाम-ए-अमन[1]
उसी के हयात-ए-आफ़रीं[2] नाम पर
उसे जंगबाज़ी सिखाई गयी
बमों का गुलूबन्द गर्दन में डाला
और इस धज से मैदाँ में उसको निकाला
पड़ा उसका धरती पे साया
तो धरती की रफ़्तार रुकने लगी
अँधेरा अँधेरा, ज़मीं से
फ़लक[3] तक अँधेरा
जबीं[4] चाँद तारों की झलकने लगी

हुई जब से साईंस ज़र[5] की मुतीअ[6]
जो था इल्म का एतिबार उठ गया
और उस साँप को ज़िन्दगी मिल गयी
उसे हमने ज़ह्हाक[7] के भारी काँधे पर देखा था इक दिन
यह हिन्दू नहीं है, मुसलमाँ नहीं
यह दोनों का मग़्ज़ और ख़ूँ चाटता है
बने जब यह हिन्द मुसलमान इन्साँ
उसी दिन यह कमबख़्त मर जाएगा

---

1. शान्ति का संदेश, 2. धन्य जीवन, 3. आकाश, 4. माथा, 5. धन, 6. अधीन, 7. ईरान का एक बहुत अत्याचारी बादशाह जिसे फ़िरीदूँ ने गिरफ़्तार किया था।

•

हाथ आकर लगा गया कोई
मेरा छप्पर उठा गया कोई

लग गया इक मशीन में मैं भी
शहर में ले के आ गया कोई

मैं खड़ा था कि पीठ पर मेरी
इश्तिहार इक लगा गया कोई

यह सदी धूप को तरसती है
जैसे सूरज को खा गया कोई

ऐसी मंहगाई है कि चेहरा भी
बेच के अपना खा गया कोई

अब वो अर्मान हैं न वो सपने
सब कबूतर उड़ा गया कोई

वो गए जब से ऐसा लगता है
छोटा मोटा ख़ुदा गया कोई

मेरा बचपन भी साथ ले आया
गाँव से जब भी आ गया कोई

•

क्या जाने किसी की प्यास बुझाने किधर गयीं
उस़ सर पे झूम के जो घटायें गुज़र गयीं

दीवाना पूछता है यह लहरों से बार बार
कुछ बस्तियाँ यहाँ थीं बताओ किधर गयीं

अब जिस तरफ़ से चाहे गुज़र जाये कारवाँ
वीरानियाँ तो सब मिरे दिल में उतर गयीं

पैमाना टूटने का कोई ग़म नहीं मुझे
ग़म है तो यह कि चाँदनी रातें बिखर गयीं

पाया भी उनको खो भी दिया चुप भी हो रहे
इक मुख़्तसर सी रात में सदियाँ गुज़र गयीं

रेत की नाव, झाग के माँझी
काठ की रेल, सीप के हाथी
हल्की भारी प्लास्टिक की कीलें
मोम के चाक जो रुकें न चलें

राख के खेत, धूल के खलियान
भाप के पैरहन[1] धुएँ के मकान
नहर जादू की, पुल दुआओं के
झुनझुने चन्द योजनाओं के

सूत के चेले, मूँज के उस्ताद
तेशे दफ़्ती के, काँच के फ़र्हाद
आलिम आटे के और रुए[2] के इमाम
और पन्नी के शाइरान-ए-कराम[3]
ऊन के तीर, रुई की शम्शीर
सदर मिट्टी का और रबर के वज़ीर

अपने सारे खिलौने साथ लिए
दस्त-ए-ख़ाली[4] में क़ायनात लिये
दो सुतूनों[5] में तान कर रस्सी
हम खुदा जाने कब से चलते हैं
न तो मिलते हैं, न सँभलते हैं

---

1. वस्त्र, 2. रूई, 3. कृपाकांक्षी कविगण, 4. खाली हाथ, 5. स्तम्भ, खम्भा।

●

अज़्म[1] का कोहगिराँ[2], दर्द की दीवार हैं हम
ज़ख़्म का ज़ख़्म हैं तलवार की तलवार हैं हम
जैसे झपकी नहीं सदियों से यह बोझल पलकें
आज की रात कुछ इस तरह से बेदार[3] हैं हम
जाँ सरहद से उठा जाल बिछाने वाले

जब मिली आँख मिली मौत का नज़राना लिए
जब हिले होंठे हिले ज़हर का पैमाना लिए
ख़ून बहता है तो बन जाती है तस्वीर तिरी
जंग इस हाथ में उस हाथ में वीराना लिए
तुझ सा देखा न सुना ख़ून बहाने वाले

ज़िन्दगी तेरे तसव्वुर से भी घबराती है
इतना नज़्दीक न आ साँस घुटी जाती है
तूने सोने के कटोरे में यह क्या शै[4] पी ली
गर्म साँसों से सड़े ख़ून की बू आती है
मुँह उधर फेर ज़रा प्यार जताने वाले

तेरा अहसान जो लें अपनी बहारें भूलें
खेत में क़हत उगें बाग में संकट फूलें
प्यास बन जाए मुक़द्दर जो पियें तेरी शराब
आबले हाथ में पड़ जायें जो सागर छू लें
यह रहा जाम तिरे ज़हर पिलाने वाले

---

1. संकल्प, इरादा, 2. मूल्यवान पर्वत, 3. जागृत, 4. वस्तु।

क़िस्मतें बन के तिरे दम से बिगड़ जाती हैं
बस्तियाँ दिल की तरह बस के उजड़ जाती हैं
तेल पी लेती है आँसू की तरह डर के ज़मीं
मण्डियाँ तेरी भनक पा के सुकड़ जाती हैं
सिक्का खोटा है तेरा दाँव लगाने वाले

नर्म शाख़ों ने लचकने की सजा पाई है
एक एक फूल को तरसा के बहार आई है
तारे उतरे हैं ज़मीं पर कि खिला है बेला
ढाक फूला है कि शो'लों की घटा छाई है
है बहुत गर्म फ़िज़ा शाख़ झुकाने वाले

हम वो राही हैं जो मन्ज़िल की ख़बर रखते हैं
पाँव काँटों पे शगूफ़ों[1] पे नज़र रखते हैं
कितनी रातों से निचोड़ा है उजाला हमने
रात की क़ब्र पे बुनियाद-ए-सहर[2] रखते हैं
ओ अँधेरे के खुदा शमूअ बुझाने वाले।

1. कलियाँ, 2. सुबह की नींव।

यह जीत हार तो इस दौर का मुक़द्दर है
यह दौर जो कि पुराना नहीं नया भी नहीं
यह दौर जो कि सज़ा भी नहीं जज़ा[1] भी नहीं
यह दौर जिसका बज़ाहिर कोई ख़ुदा भी नहीं

तुम्हारी जीत अहम है न मेरी हार अहम
कि इब्तिदा भी नहीं है यह इंतिहा भी नहीं
शुरूअ मा'रिकः-ए-जाँ[2] अभी हुआ भी नहीं
शुरूअ हो तो यह हंगाम-ए-फ़ैसला भी नहीं

पयाम-ए-ज़ेर-ए-लब[3] अब तक है सूर-ए-इस्राफ़ील[4]
सुना किसी ने किसी ने अभी सुना भी नहीं
कि किसी ने किसी ने यक़ीं किया भी नहीं
उठा ज़मीं से कोई, कोई उठा भी नहीं

यह कारवाँ है तो अंजाम[5]-ए-कारवाँ मा'लूम
कि अजनबी भी नहीं कोई आश्ना[6] भी नहीं
किसी से ख़ुश भी नहीं है कोई ख़फ़ा भी नहीं
किसी का हाल कोई मुड़ के पूछता भी नहीं

---

1. फल, पुरस्कार, 2. जान का लक्ष्य, 3. होंठों पर सन्देश, 4. वह फूँक जो समाप्त संसार को पुनः जीवित करेगी, 5. यात्री दल का परिणाम, 6. परिचित।

•

ऐसा झोंका भी इक आया था कि दिल बुझने लगा
तूने इस हाल में भी मुझको सँभाले रखा

कुछ अँधेरे जो मिरे दम से मिले थे तुझको
आफ़्रीं तुझको, कि नाम उनका उजाले रखा

मेरे ये सज्दे जो आवारः भी, बदनाम भी हैं
अपनी चौखट पे सजा ले जो तिरे काम के हों
(शौकत के नाम)

•

मैं कलकत्ते में 'कैफ़ी' आज पहली बार आया हूँ
मचलती आरज़ू, बेताब दिल सीने में लाया हूँ

सलाम उस शहर पर जिसकी फ़िज़ा में गीत बसते हैं
जहाँ नज़रुल के और टैगोर के नग़मे बरसते हैं

सलाम उस ख़ाक पर गोदी से जिस के आफ़ताब उट्ठा
बग़ावत ने कमाँ[1] कड़काई शोरे-इन्किलाब उट्ठा

सलाम उस देस के उन इन्क़िलाबी नौजवानों को
बसा रक्खा है मुद्दत से जिन्होंने जेलख़ानों को

सलाम उन शहरियों, उन कामगारों, उन किसानों पर
वबा-ओ-क़हत[2] ने हमला किया था जिनकी जानों पर

सलाम उन पर, ग़िज़ा[3] चोरों ने दर दर जिनको दौड़ाया
जिन्होंने पाई रोटी और न मरने पर कफ़न पाया

सलाम उन स्ट्राइक करने वाले कामगारों को
लहू पीने नहीं देते जो अब सरमायादारों को

सलाम उन नौजवानों को, सलाम उन बेगुनाहों को
पिलाया ख़ूने-नाहक़[4] जिनका जल्लादों ने राहों[5] को

---

1. बागडोर, 2. रोग व अकाल, 3. खाना, 4. अकारण का खून, 5. पथ।

न भूलेगी नवम्बर की वो ख़ूनी दास्ताँ बरसों
करेगा नाज़ कलकत्ते पे कुछ हिन्दोस्ताँ बरसों

सलाम उस दिन पे जब ग़ैरत ने यूँ छेड़ा दिलेरों को
कोई बेचैन कर दे जिस तरह ख़्वाबीदा[1] शेरों को

उठे हिन्दू मुसलमाँ साथ ही जोशे-जिहाद ऐसा
लहू भी मिल गया दोनों का बहकर इत्तहाद ऐसा

इस यकजिहती[2] में जाने किस किस की मौत पिन्हाँ थी
ख़फ़ा[3] कुछ रहनुमा भी थे हुकूमत भी परेशाँ थी

वो मंज़र काश ख़्वाब-ए-क़ौम[4] की ता'बीर[5] बन जाता
वो वक़्ती इत्तिहाद इस मुल्क की तक़्दीर बन जाता

---

1. निन्द्रित, 2. एकता, 3. नाराज़, 4. क़ौम का सपना (राष्ट्रीय सपना), 5. स्वप्न फल।

जबीं[1] से नूर बरसाती
चली जाती है आज़ादी
मचलती, झूमती, गाती
चली आती है आज़ादी

यह सैले-आतिशो-आहन[2] यह बहरे-ख़ूँ की तुग़ियानी[3]
फ़िज़ा की नब्ज़ बरहम[4] वक़्त के अन्दाज़े तूफ़ानी
गुलामी का सफ़ीना[5] घूमता है डगमगाता है
जवाँ मौजें लिये दामन में साहिल मुस्कराता है
जवाँ मौजों में बल खाती
चली आती है आज़ादी

उठे हैं तुन्द[6] तूफ़ाँ झूम कर ज़ख़्मी हुबाबों[7] से
हवा काँधे मिलाकर चल रही है इन्क़िलाबों से
जमूदाँ ख़ामुशी की तह में हंगामे मचलते हैं
हिला कर कोहसारों[9] की जड़ें, चश्मे उबलते हैं
चट्टानें तोड़ती ढाती
चली आती है आजादी

जो खूँख्वारी में यकता[10] था वो अपने खूँ में ग़ल्ताँ[11] है
लबे सरमायादारी आखिरी हिचकी से लर्ज़ां[12] है
गले मिलती है फ़तह-ओ-कामरानी[13] नौजवानी से
पुराने बुत गिरे जाते हैं ताक़े-ज़िन्दगानी[14] से

---

1. मस्तक, 2. आग और फौलाद का प्रवाह, 3. खून के समुद्र की बाढ़, 4. क्रोधित, 5. नौका, 6. तेज, तीव्र, 7. बुलबुले, 8. जमा हुआ, ठहरा हुआ, 9. पहाड़ों, 10. बेजोड़, 11. तर या लिथड़े, 12. कंपित, 13. सफलता, 14. ज़िंदगी के ताखों या आलों से।

दरो दीवार दहलाती
चली आती है आज़ादी

सँभाला आख़िरी भी ले लिया बीमारे दुनिया ने
हुए जाते हैं अपने बोझ से शल[1] ज़ुल्म के शाने
तड़प कर नौ गिरिफ़्तारों ने जिन्दाँ[2] तोड़ डाले हैं
असीराने[3] कुहन[4] के तौक़[5] गल कर गिरने वाले हैं
कुछ ऐसी आग भड़काती
चली आती है आज़ादी

नज़र में बिजलियाँ, दिल में तड़प, साँसों में हलचल है
लबों पर फतह का मुज़्दः[6] जबीं[7] पर सुर्ख़ आँचल है
जो बढ़कर थाम ले दामन जवाँ इश्वे उसी के हैं
उलट दे बढ़ के जो घूँघट हँसी जलवे उसी के हैं
निगाह-ओ-दिल को तड़पाती
चली आती है आज़ादी

---

1. थकना, 2. जेलें, 3. क़ैदी, 4. पुराने, 5. फंदे, 6. खुशखबरी, 7. मस्तक।

इक सिपाही को पहना दी गई आख़िर ज़ंजीर
है तो बेदाद[1] मगर यह नई बेदाद नहीं
इसी ज़ंजीर में जकड़े हुए हैं कितने रशीद
नाम भी जिनका हमें पूरी तरह याद नहीं

चढ़ के फाँसी पे उतर आया है सहगल सदशुक[2]
कितने सहगल इसी फाँसी पे मगर झूल गये
उन शहीदों का था हर क़तरा-ए-ख़ूँ[3] शाहनवाज़
रफ़्ता रफ़्ता[4] जिन्हें अरबाबे वतन[5] भूल गए

जाने हम रहम की दरख़्वास्त करेंगे कब तक
कब तक आईने-मोहताते मज़म्मत[6] होगी
एक एक नाम पे कोहराम मचेगा कब तक
कब तक इस तरह विलइक़सात[8] बग़ावत होगी

---

1. अन्याय, अत्याचार, 2. सैकड़ों बार धन्यवाद, 3. खून की बूँद, 4. धीरे-धीरे, 5. वतन वाले, 6. कानून की सतर्क, 7. निन्दा, 8. किस्तों में, कड़ियों में।

क़दम रात के डगमगाते नहीं
कभी राह मंज़िल की पाते नहीं

हमारे कमल मुस्कराते नहीं
लहू[1] से जो मशअल[2] जलाते नहीं

शरर[3] हुर्रियत[4] के भड़कने लगे
हजारों ख़ज़फ़[5] भी चमकने लगे

बयाबाँ में गुलशन लहकने लगे
सितारे यहाँ जगमगाते नहीं

गुलामी से सब गरम-ए-पैकार[6] हैं
अभी अपने दामन में कुछ तार है

यहाँ ख़ानाजंगी[7] के आसार हैं
अभी तौक़[8] पर हाथ जाते नहीं

बड़ी आरजू थी बड़ी आस थी
ज़रा पूछता लीड़रों से कोई

कहा था के हम फिर मिलेंगे कभी
वो वादे तुम्हें याद आते नहीं

---

1. खून, 2. दीपक, 3. चिंगारी, 4. स्वतन्त्रता, 5. ठीकरा, 6. अप्रसन्न छोटे दुकानदार, 7. गृहयुद्ध, 8. फंदा, जंजीर।

न जोश-ए-अलम[1] है न सोज़े यक़ीं[2]
उलटते हैं अपनों पे जो आस्तीं

बदलती है ख़्वाबों से क़िस्मत कहीं
वोह दुश्मन से आँखें मिलाते नहीं

निगाहों में पेचीदा है इज़्तिराब[3]
तड़पते हैं अपनी हदों में हिजाब

झलकता है चेहरों से सोज़े इताब[4]
बहम[5] होके तूफ़ाँ उठाते नहीं

निगाहों में अर्जुन का है तीर भी
बाई[6] शाने गर्दन में ज़ंजीर भी

है क़ब्ज़े में टीपू की शमशीर भी
मुरक़्क़े[7] यह अब देखे जाते नहीं

बदलता चला जा रहा है जहाँ
क़दम ख़ुद बढ़ाता है अब कारवाँ

झिझकने ठिठकने की फ़ुर्सत कहाँ
अगर राहबर[8] राह पाते नहीं

---

1. नेतृत्वकारी उत्साह, 2. विश्वास करने का रंज, 3. बेचैनी, 4. गुस्सा, 5. आपस में, मिलकर, 6. जैसे इस, 7. नमूने, 8. राह दिखाने वाले।

यह बुझी सी शाम, यह सहमी हुई परछाइयाँ
ख़ूने दिल भी इस फ़िजा में रंग भर सकता नहीं
आ उतर आ काँपते होंठों पे ऐ मायूस आह
सक़्फ़े जिन्दाँ[1] पर कोई परवाज़[2] कर सकता नहीं
झिलमिलाये मेरी पलकों पर महो-ख़ोर[3] भी तो क्या ?
इस अँधेरे घर में इक तारा उतर सकता नहीं।

लूट ली ज़ुल्मत[4] ने रू-ए-हिन्द[5] की ताबिंदगी[6]
रात के काँधे पे सर रख कर सितारे सो गए
वो भयानक आँधियाँ, वो अबतरी[7], वो ख़ल्फ़िशार[8]
कारवाँ बेराह हो निकला, मुसाफ़िर खो गए
हैं इसी ऐवाने बेहर[9] में यक़ीनन रहनुमा
आ के क्यों दीवार तक नक़्शे क़दम गुम हो गए

देख ऐ जोशेअलम[10] वोह सक़्फ़[11] यह दीवार है
एक रोज़न[12] खोल देना भी कोई दुश्वार है

(क़िला अहमदनगर पर लिखित जहाँ काँग्रेसी रहनुमा नज़रबन्द थे)

---

1. जेल की छत, 2. उड़ान, 3. चाँद सूरज, 4. अँधेरा, 5. भारत भूमि, 6. दीप्ति, आलोक, 7. पतन, दुर्दशा, 8. झंझट, 9. बेघर, 10. नेतृत्वकारी उत्साह, 11. छत, 12. रोशनदान।

इक कली नूर दीदअे गुलज़ार[1]
गौहर-ए-शब[2] चिरागे़-बाग़-ओ-बहार[3]
नरम, नाजुक शगुफ़्ता[4] लालागूँ[5]
शोख़ मासूम बेज़बाँ तर्रार
मुझ पे रंगीनियाँ लुटाती थी

लुत्फ़े नज़्ज़ारगी[6] मिटा ही दिया
मैंने दस्ते तलब[7] बढ़ा ही दिया
पंखुड़ी में निहाँ[8] थी चिंगारी
हाथ जिसने मिरा जला ही दिया
और कली मुझ पे मुस्कुराती थी

---

1. बाग़ की आंखों की रोशनी, 2. रात का मोती, 3. बाग़ और बहार का चिराग, 4. खिला हुआ, प्रसन्न, 5. सुन्दर, 6. दृश्य का आनंद 7. कामना का हाथ, 8. छिपी हुई।

जवानी अपनी गुज़ारी है किस तरह तूने
कि अब हर उठती जवानी से बदगुमान है तू
यह फ़र्दे जुर्म किसी और की ज़बाँ ये नहीं
खुद अपने एहदे गुज़िश्ता की तर्जुमान[1] है तू

वह चेहरे जिनमें फुरोज़ाँ[2] है इस्मत-ए-मरियम[3]
तू उन पे अपने गुनाहों का अक्स डालती है
तेरा ज़मीर तीरः,[4] माहो नजूम[5] नहीं
माहो नजूम पे तू तीरगी[6] उछालती है

मिटा दिया तेरे चेहरे की झुर्रियों ने जिसे
तू उस निखार की अब ताब ला नहीं सकती
हँसी को जुर्म समझने का यह सबब तो नहीं
कि अब हँसी तेरे होंटों पे आ नहीं सकती

बिठा तो दिये हैं पहरे क़दम क़दम पे मगर
झिझक के चलने में लग़्जिश[7] ज़रूर होती है
गुनाह होते हैं दाख़िल वहीं से फ़ितरत में
जवानी अपना जहाँ एतिबार खोती है

यह तितलियाँ जिन्हें मुट्ठी में भींच रखा है
जो उड़ने पायें तो उलझें कभी न ख़ारों से
तेरी तरह कहीं यह भी न बुझ के रह जायें
तपिश निचोड़ न इन नाचते शरारों[8] से

---

1. अनुवादक 2. प्रकाशित, दीप्तिमान, 3. मरियम की प्रतिष्ठा, 4. अंधकारमय, 5. चाँद-कविता, 6. अन्धकार, 7. विचलन, भूल, 8. अंगारे, चिंगारी।

यह सेहतबख़्श तड़का यह सहर की जलवा सामानी[1]
उफ़ुक़[2] सारा बना जाता है दामाने चमन जैसे

छलकती रोशनी तारीकियों[3] पर छाई जाती है
उढ़ाये नाज़ियत[4] की लाश पर कोई कफ़न जैसे

उबलती सुर्ख़ियों की ज़द पे हैं हल्क़े स्याही के
पड़ी हो आग में बिखरी गुलामी की रसन[5] जैसे

शफ़क़[6] की चादरें रंगीं फ़िज़ा में थरथराती हैं
उड़ाये लाल झण्डा इश्तराकी अंजुमन जैसे

चली आती है शर्माई लजाई हूर-ए-बेदारी[7]
भरे घर में क़दम थम थम के रखती है दुल्हन जैसे

फ़िज़ा गूँजी हुई है सुबह के ताज़ा तरानों से
सुरोद-ए-फ़त्‌ह[8] पर हैं सुर्ख फ़ौजें नग़माज़न[9] जैसे

हवा की नर्म लहरें गुदगुदाती हैं उमंगों को
जवाँ जज़्बात से करता हो चुहलें बाँकपन जैसे

यह सादा सादा गर्दूं[10] पर तबस्सुम ऑफ़रीं सूरज
सियासी कामयाबी से हो इस्तालिन मगन जैसे

सहर के आईने में देखता हूँ हुस्न-ए-मुस्तक़बिल[11]
उतर आई है चश्मे शौक में 'कैफ़ी' किरन जैसे

---

1. दर्शनीय, 2. क्षितिज, 3. अंधकार, 4. हिटलरी शासन, 5. रस्सी, 6. लालिमा, 7. हूर जैसी चेतना, 8. विजय का राग, 9. गाती हुई, 10. आकाश, 11. भविष्य की खूबसूरती।

आपके तजुर्बे दुरुस्त आपमें ख़िज़रे दम[1] कहाँ
जादः[2]-ए-ज़िन्दगी कहाँ, सहमे हुए क़दम कहाँ

राहबरी को छोड़िये साथ भी चल सकेंगे आप
लौह बदन[3] में अब नहीं साँचे में ढल सकेंगे आप
तुन्द[4] भँवर से खा के बल कैसे निकल सकेंगे आप
मौज के दोश[5] पर क़दम रख के उछल सकेंगे आप

अबरे जवाँ[6] है ज़िन्दगी, सैले रवाँ[7] हैं ज़िन्दगी
जोशे निहाँ[8] है ज़िन्दगी, बर्क़-ए-तपां[9] है ज़िन्दगी
मौज़ क़दम है ज़िन्दगी, जस्ते कुनाँ[10] है ज़िन्दगी
कल थी कहाँ ज़ियाफ़रोश[11] आज कहाँ है ज़िन्दगी

राह नई, ज़मीं नई, जादः[12] नया, फ़िजा नई
फ़स्ल नई, समाँ नया, दौर नया, हवा नई
ज़ीस्त[13] की हर नज़र नई, ज़ीस्त की हर अदा नई
गूँज नई, तड़प नई, जोश नया, सदा नई

आय तो याद कीजिए आप कहाँ से आए हैं
अपने सलफ़[14] के नक़्श-ए-पा[15] ठोकरों से मिटाये हैं

---

1. ख़िज़र जैसा दम (ख़िज़र एक पैगम्बर थे। इस शब्द का अर्थ मार्गदर्शक भी होता है।)
2. पथ, 3. लौह शरीर पैगम्बर ख़िज जैसी शक्ति, 4. तीव्र, 5. कांधा, 6. मस्त बादल, 7. बाढ़ के प्रवाह के समान, 8. छिपा हुआ जोश, 9. बिजली के से ताप की तरह, 10. खुशी की छलाँग, 11. प्रकाश देने वाली, 12. पथ, 13. जीवन, 14. पूर्वज, 15. पैरों के चिह्न।

ताक़े हयात[1] से तमाम माज़ी[2] के बुत गिराये हैं
सारे क़दीम[3] मोर्चे तोड़ दिये हैं ढाये हैं

है यही हुक्म ज़ीस्त के राज़दाँ हैं हम
आप रवाँ दवाँ[4] थे कल, आज रवाँ दवाँ हैं हम
अक़्ल जवाँ, अमल जवाँ, जोश जवाँ जवाँ, हैं हम
आप का ज़ेह्न भी जहाँ आ न सका, वहाँ है हम

आप न हमको रोकिये, आपकी है सदा ज़ईफ़[5]
आपकी पुख़्तगी ज़ईफ़, आपका तजुर्बा ज़ईफ़
आपकी राहबरी ज़ईफ़, आपका रास्ता ज़ईफ़
आपके ज़हन ओ दिल ज़ईफ़, आपके दस्त-ओ-पा ज़ईफ़

यह जो सदी है अपनी है, यह सदी आपकी नहीं
अक़्ल की पुख़्तगी सही, अक़्ल में ताज़गी नहीं
जादः-ए-इर्तिक़ा[6] है यह, खेल नहीं, हँसी नहीं
कल की पिटी हुई लकीर आज के काम की नहीं

आपको हैं मुग़ाल्ते[7], अक़्ल बढ़ाइएगा क्या
आपकी आँख बन्द है, हमको जगाइएगा क्या
खुद जो सबक़ पढ़ा नहीं, उसको पढ़ाइएगा क्या
देखिये गर्द-ए-कारवाँ[8] राह दिखाइएगा क्या

आपके तजुर्बे दुरुस्त, आपमें ख़िज़्रे दम कहाँ
जादः-ए-ज़िन्दगी कहाँ, सहमे हुए क़दम कहाँ

---

1. जीवन के ताख से, 2. अतीत, 3. पुराने, 4. तेज़ी से जाता हुआ, 5. बूढ़ी-थकी आवाज़, 6. विकास पथ, 7. भ्रम, 8. कारवां या समूह की उड़ती धूल।

यह चमन, यह खेत, यह जंगल, यह सहरा[1], यह ज़मीं
मिल्कियत है नौ-ए-इंसाँ[2] की ब फ़तवाये-यकीं[3]
उन पे क़ब्ज़ा देख कर झुकती है ग़ैरत से जबीं[4]
लूट का अजदाद[5] की यह फल है और कुछ भी नहीं
इस सितम इस लूट की दिल ताब ला सकता नहीं
मुह्तरम ! बारे विरासत मैं उठा सकता नहीं

यह इमारत, यह महल, यह क़स्र[6] यह दौलतसरा[7]
जो ग़रीबों और किसानों के लहू से है बना
कितने घर लूटे गये जिस दिन पड़ी उसकी बिना[8]
जिनके मरने की नहीं जा, आह वो बेआसरा
इस महल में रह के दिल आराम पा सकता नहीं
मुह्तरम ! बारे विरासत मैं उठा सकता नहीं

यह रियासत जिसका इस्तेहसाल[9] से चलता है काम
हाकिमाने वक़्त की ठोकर में है जिसका निज़ाम
आह जब महरूम इंसानों पे हो जीना हराम
आह जब रोटी के टुकड़े को तरसते हों अवाम
लालची हुक्काम को दावत खिला सकता नहीं
मुह्तरम ! बारे विरासत मैं उठा सकता नहीं

यह पुराने तज़करे यह ख़ानदानी इक़्तेदार[10]
हैर[11] . मैं ढाली शराफ़त जुल्म का बाला वकार[12]
ज़ोर पे कायम हुकूमत ख़ून में डूबी बहार
सूफ़ियाना[13] पाकबाजी,[14] ताजिरानः इन्किसार[15]

---

1. मरुस्थल, 2. नया मानव, 3. पूर्णविश्वास के साथ, 4. मस्तक, सिर, 5. बाप-दादों, 6. भवन, 7. बड़े लोगों का घर, 8. आधार, नींव, 9. शोषण, 10. शासन, सत्र, 11. विस्मय, 12. प्रतिष्ठा का उच्च होना, 13. सूफ़ियों जैसा, 14. पवित्रता, 15. व्यापारिक नम्रता।

इस फ़िज़ा में सोने वाला कनमना सकता नहीं
मुहतरम ! बारे विरासत मैं उठा सकता नहीं

इक तरफ़ यह रँगरलियाँ यह अमारत[1] की बहार
शेरो नग़मा जामो मीना[2] सैरे बाग़ो कोहसार[3]
इक तरफ़ महरूम इंसाँ मुर्दादिल सीनाफ़िगार[4]
ग़म गज़ीदा[5] हुज़्नदीदः[6], आह बर लब,[7] अश्कबार[8]
इस तज़ादे ज़ीस्त[9] की क़ुव्वत बढ़ा सकता नहीं
मुहतरम ! बारे विरासत मैं उठा सकता नहीं

हर तरफ़ अदबार[10] के तूफ़ान हैं सैलाब हैं
भूक है, बीमारियाँ हैं, मौत के गर्दाब[11] हैं
जाँ ब लब[12] इंसाँ वुफूर-ए-कर्ब[13] से बेताब है
कितने दिल मजरूह[14] कितनी अँखड़ियाँ पुर आब[15] हैं
आँसुओं की इस झड़ी में मुस्करा सकता नहीं
मुहतरम ! बारे विरासत मैं उठा सकता नहीं

अब मिटा लूँगा न जब तक मैं यह फ़र्सूदा निज़ाम
मुझे पे हैं आराम ओ राहत ऐशो इशरत[16] सब हराम
मेरी पुश्ती पर हैं मुफ़्लिस मेरे साथी हैं अवाम
उस ख़ज़ाने, उस हुकूमत, उस रियासत को सलाम
अपनी ख़ातिर फ़र्ज़े इंसानी भुला सकता नहीं
मुहतरम ! बारे विरासत में उठा सकता नहीं।

---

1. धन, 2. शराब-ओ-प्याला, 3. पहाड़ व उद्यान, 4. ढूढ़े हुए, 5. दुखी, 6. दुख से व्याकुल, 7. ओंठों पर आह, 8. अश्रुओं से पूर्ण, 9. जीवन के प्रतिकूल, 10. पतन, 11. भँवर, 12. होंठों पर जान यानी मरणासन्न, अन्तिम क्षण, 13. अधिक कष्ट, 14. घायल, 15. गीली, 16. ऐश्वर्य।

राम वनवास से जब लौट के घर में आए
याद जंगल बहुत आया जो नगर में आए
रक्से दीवानगी[1] आँगन में जो देखा होगा
6 दिसम्बर को श्रीराम ने सोचा होगा
इतने दीवाने कहाँ से मेरे घर में आए
जगमगाते थे जहाँ राम के क़दमों के निशाँ
प्यार की कहकशाँ लेती थी अँगड़ाई जहाँ
मोड़ नफ़रत के उसी राह-गुज़र में आए

धर्म क्या उनका है क्या ज़ात है ये जानता कौन
घर न जलता तो उन्हें रात में पहचानता कौन
जलती मशूअल लिए जो लोग नज़र में आए

शाकाहारी है मेरे दोस्त तुम्हारा ख़ंजर
तुमने बाबर की तरफ़ फैंके थे सारे पत्थर
है मेरे सर की ख़ता ज़ख़्म जो सर में आए

पाँव सरजू में अभी राम ने धोए भी न थे
कि नज़र आए यहाँ ख़ून के गहरे धब्बे
पाँव धोए बिना सूरज के किनारे से उठे
राम ये कहते हुए अपने दुआरे से उठे—
राजधानी की फ़ज़ा आई नहीं रास मुझे
6 दिसम्बर को मिला दूसरा वनवास मुझे

1. दीवानगी का नृत्य

ज़िन्दगी

आज अँधेरा मेरी नस नस में उतर जाएगा
आँखे बुझ जाएँगीं, बुझ जाएँगे एहसास-ओ-शऊर[1]
और यह सदियों से जलता सा, सुलगता सा वुजूद
इस से पहले कि सहर[2] माथे पे शबनम[3] छिड़के
इस से पहले कि मेरी बेटी के वोह फूल से हाथ
गर्म रुख़्सार को ठण्डक बख़्शें
इससे पहले कि मेरे बेटे का मज़बूत बदन
तन-ए-मफ़्लूज[4] में शक्ति भर दे
इस से पहले कि मेरी बीवी के होंठ
मेरे होंठ की तपिश पी जाएँ
राख हो जाएगा जलते जलते
और फिर राख बिखर जाएगी
ज़िन्दगी कहने को बेमाया[5] सही
ग़म का सरमाया सही
मैंने उसके लिए क्या क्या न किया
कभी आसानी से इक सांस भी यमराज को अपना न दिया

आज से पहले बहुत पहले
इसी आँगन में
धूप भरे दामन में
मैं खड़ा था, मेरे तलुओं से धुआँ उठता था
एक बेनाम सा, बेरंग सा ख़ौफ़
कच्चे एहसास पे छाया था कि जल जाऊँगा
मैं पिघल जाऊँगा
और पिघल कर तेरा कमज़ोर सा 'मैं'

---

1. अनुभूति एवं चेतना 2. प्रातः 3. ओस 4. बेकार शरीर, 5. बेकार।

क़तरा क़तरा मेरे माथे से टपक जाएगा
रो रहा था मगर अश्कों के बग़ैर
चीख़ता था मगर आवाज़ न थी
मौत लहराती थी सौ शक्लों में
मैंने हर शक्ल को घबरा के खुदा मान लिया

काट के रख दिए सन्दल के पुर अस्रार[1] दरख़्त
और पत्थर से निकाला शो'ला
और रौशन किया अपने से बड़ा एक अलावो
जानवर ज़िब्ह किए इतने कि ख़ूँ की लहरें
पाँव से उठ के कमर तक आयीं
और कमर से मेरे सर तक आयीं

सोमरस मैंने पिया
रात दिन रक़्स किया
नाचते नाचते तलवे मेरे ख़ूँ देने लगे
हड्डियाँ मेरी चटख़ने लगीं ईंधन की तरह
मन्तर होंठों से टपकने लगे रौग़न[2] की तरह
मेरे आ'ज़ा[3] की थकन
बन गई काँपते होठों पे भजन
अग्नि माता मेरी अग्नि माता
सूखी लकड़ी के यह भारी कुन्दे
जो तेरी भेंट को ले आया हूँ
इनको स्वीकार कर और ऐसे धधक
कि मचलते शो'ले खींच लें जोश में
सूरज की सुनहरी ज़ुल्फ़ें
आग में आग मिले
जो अमर कर दे मुझे
ऐसा कोई राग मिले

---

1. रहस्यमय 2. चिकनाई 3. शरीर के अंग।

अग्नि माँ से भी न जीने की सनद जब पाई
ज़िन्दगी के नए इम्कान ने ली अँगड़ाई
और कानों में कहीं दूर से आवाज़ आई
बुद्धम् शरनम् गच्छामि
धम्मम् शरनम् गच्छामि
संघम् शरनम् गच्छामि
चार अब्रू[1] का सफ़ाया करके
बेसिले वस्त्र से ढाँपा यह बदन
पोंछ के पत्नी के माथे से दमकती बिंदिया
सोते बच्चों को बिना प्यार किए
चल पड़ा हाथ में कश्कोल[2] लिए
चाहता था कि कहीं भिक्षा में जीवन मिल जाए
जो कभी बन्द हो दिल को वोह धड़कन मिल जाए
मुझको भिक्षा में मगर ज़हर मिला
होंठ थर्राने लगे जैसे करे कोई गिला
झुक के सूली से उसी वक़्त किसी ने यह कहा
तेरे इक गाल पे जिस पल कोई थप्पड़ मारे
दूसरा गाल भी आगे कर दे
यही जीने का तरीक़ा भी है, अन्दाज़ भी है
तेरी आवाज़ भी है, यह मेरी आवाज़ भी है

मैं उठा जिसको अहिंसा का सबक़ सिखलाने
मुझको लटका दिया सूली पे इसी दुनिया ने
आ रहा था मैं कई कूचों से ठोकर ख़ाकर
एक आवाज़ ने रोका मुझको
किसी मीनार से नीचे आकर
अल्लाह हो अक्बर, अल्लाह हो अक्बर
हुआ दिल को यह गुमाँ

1. चार भौंहें 2. भीख का प्याला

कि यह पुरजोश अज़ाँ
मौत से देगी अमाँ[1]
फिर तो पहुँचा मैं जहाँ
मैंने दोहराई कुछ ऐसे यह अज़ाँ
गूँज उठा सारा जहाँ
अल्लाह हो अक्बर, अल्लाह हो अक्बर

उसी आवाज़ में इक और भी गूँजा ए'लान
कुल्लो मन अलैहा फ़ान[2]
इक तरफ़ ढल गया ख़ुर्शीद[3] जहाँ ताब[4] का सर
हुआ फ़ॉलिज का असर
फट गई नस कोई, शिर्यानों[5] में ख़ूँ जम सा गया
हुआ मजरूह[6] दिमाग़
ऐसा लगता था कि बुझ जाएगा जलता है जो सदियों से चराग़
आज अँधेरा मिरी नस नस में उतर जाएगा

पर समुन्दर जो बड़ी देर से तूफ़ानी था
ऐसे तड़पा कि मेरे कमरे के अन्दर आया
आते आते वो मेरे वास्ते अमृत लाया
और कहा
शिव ने यह भिजवाया है
आज शिव इल्म है, अमृत है अमल
अब वोह आसाँ है जो दुश्वार था कल
रात जो मौत का पैग़ाम लिए आई थी
बीवी बच्चों ने मेरे
उसको खिड़की से परे फेंक दिया
और जो वो ज़हर का इक जाम लिए आई थी
उसने वो ख़ुद ही पिया
सुबह उतरी जो समन्दर में नहाने के लिए
रात की लाश मिली पानी में

---

1. सहारा, सरण, 2. सब को एक दिन समाप्त होना है, 3. सूर्य, 4. शक्ति, 5. रगों में 6. घायल, ज़ख़्मी।

काम तख़य्युल[1] आ नहीं सकती
दीद[2] दूरी मिटा नहीं सकती
कैफ़[3] क्या भागती बहारों में
दिल की राहत कहाँ नज़ारों में
लाख झूले नज़र सितारों में
तीरगी[4] घर की जा नहीं सकती

ज़िक्र-ए-अजदाद[5] से हों गो ख़ुर्संद[6]
हाल माज़ी[7] का रावितः[8] ता चन्द्र
मौत से साज़ करके जीना क्या
खुम[9] से जो गिर गयी वह पीना क्या
वहम से चाक अक़्ल सीना क्या
उधड़े जाते हैं ख़ुद बखुद पैवन्द

नग़मगी[10] ग़म पे छायेगी क्यूँकर
मुफ़्लिसी गुनगुनाएगी क्यूँकर
मैकदा है निशात[11] की बस्ती
फिर भी मिटता नहीं ग़म-ए-हस्ती
मुस्तक़िल प्यास आरज़ी[12] मस्ती
रूह तस्कीन पायेगी क्यूँकर

---

1. कल्पना, विचार, 2. दर्शन, अवलोकन, 3. उन्माद, 4. अंधकार, 5. पूर्वजों का वर्णन, 6. प्रसन्न, 7. भूतकाल, बीता हुआ, 8. सम्पर्क, 9. झुकना, 10. संगीत, 11. आनन्द, हर्ष, 12. क्षणिक।

यख़[1] जमेगी शरार[2] पर कितनी
आगही होगी बेख़बर कितनी
        ज़ुल्फ़ लहरा के इत्र बरसा जाय
        नशा सा इक हवास पर छा जाय
        नर्म ज़ानों पे नींद भी आ जाये
नींद की उम्र ही मगर कितनी

---

1. बर्फ़, 2. चिंगारी।

कोई देता है दरे-दिल पे मुसलसल आवाज़
और फिर अपनी ही आवाज़ से घबराता है
अपने बदले हुए अन्दाज़ का एहसास नहीं
मेरे बहके हुए अन्दाज़ से घबराता है

साज़ उठाया है कि मौसम का तक़ाज़ा था यही
काँपता हाथ मगर साज़ से घबराता है
राज़ को है किसी हमराज़ की मुद्दत से तलाश
और दिल सुहबते-हमराज़ से घबराता है

शौक़ ये है कि उड़े वो तो ज़मीं साथ उड़े
हौसला ये है कि परवाज़[1] से घबराता है
तेरी तक़दीर में आसाइशे-अंजाम[2] नहीं
ऐ कि तू शोरिशे-आग़ाज़[3] से घबराता है

कभी आगे, कभी पीछे, कोई रफ़्तार है ये
हमको रफ़्तार का आहंग[4] बदलना होगा
ज़ेहन के वास्ते साँचे तो न ढालेगी हयात
ज़ेहन को आप ही हर साँचे में ढलना होगा

ये भी जलना कोई जलना है कि शोला न धुआँ
अब जला देंगे ज़माने को जो जलना होगा
रास्ते घूम के सब जाते हैं मंज़िल की तरफ़
हम किसी रुख़ से चलें, साथ ही चलना होगा

---

1. उड़ान, 2. परिणति का सुख, 3. आरम्भ का कोलाहल, 4. तरीका या ढंग।

•

कितनी रंगीं है फ़िज़ा, कितनी हसीं है दुनिया
कितना सरशार है ज़ौक़े-चमन आराई[1] आज
इस सलीक़े से सजाई गई बज़्मे-गेती[2]
तू भी दीवारे-अजन्ता से उतर आई आज

रूनुमाई[3] की ये साअत, ये तहीदस्ती-ए-शौक़[4]
न चुरा सकता हूँ आँखें, न मिला सकता हूँ
प्यार सौग़ात वफ़ा नज़्र, मुहब्बत तोहफ़ा
यही दौलत तेरे क़दमों पे लुटा सकता हूँ

कब से तख़ईल[5] में लरज़ाँ था ये नाज़ुक पैकर
कब से खाबों में मचलती थी जवानी तेरी
मेरे अफ़साने का उनवान[6] बनी जाती है
ढल के साँचे में हक़ीक़त के कहानी तेरी

मरहले[7] झेल के निखरा है मज़ाक़े-तख़लीक़[8]
सई-ए-पैहम[9] ने दिए हैं ये ख़दो-ख़ाल तुझे
ज़िन्दगी चलती रही काँटों पर, अंगारों पर
जब गिली इतनी हसीं, इतनी सुबुक चाल तुझे

तेरे क़ामत में है इंसाँ की बलंदी का विक़ार[10]
दुख़्तरे-शहर[11] है, तहज़ीब का शहकार है तू
अब न झपकेगी पलक, अब न हटेंगी नज़रें
हुस्न का मेरे लिए आख़िरी मेयार[12] है तू

---

1. उपवन सजाने की रुचि, 2. धरती की सभा, 3. चेहरा दिखाना, 4. शौक़ के खाली हाथ, 5. कल्पना, 6. शीर्षक, 7. संकट, 8. सृजन की सुरुचि, 9. निरन्तर प्रयास, 10. गौरव, 11. शहर की बेटी, 12. मानदण्ड, कीर्तिमान।

ये तेरा पैकरे-सीमीं[1] ये गुलाबी सारी
दस्ते-मेहनत[2] ने शफ़क़[3] बुन के उढ़ा दी तुझको
जिससे महरूम[4] है फ़ितरत[5] का जमाले-रंगी[6]
तर्बियत[7] ने वो लताफ़त[8] भी सिखा दी तुझको

आगही[9] ने तेरी बातों में खिलाईं कलियाँ
इल्म ने शक्करीं लहजे में निचोड़े अंगूर
दिलरुबाई का ये अन्दाज़ किसे आता था
तू है जिस साँस में नज़दीक उसी साँस में दूर

ये लताफ़त, ये नज़ाकत, ये हया, ये शोख़ी
सौ दिए जलते हैं उमड़ी हुई ज़ुल्मत[10] के ख़िलाफ़
लबे-शादाब[11] पे छलकी हुई गुलनार हँसी
इक बग़ावत है ये आईने-जराहत[12] के ख़िलाफ़

हौसले जाग उठे, सोज़े-यक़ीं[13] जाग उठा
निगहे-नाज़ के बे-नाम इशारों को सलाम
तू जहाँ रहती है उस अर्ज़े-हसीं[14] पर सज्दा
जिनमें तू मिलती है उन राहगुज़ारों को सलाम

आ, क़रीब आ, कि ये जूड़ा मैं परीशां कर दूँ
तश्नाकामी[15] को घटाओं का पयाम आ जाए
जिसके माथे से उभरती हैं हज़ारों सुबहें
मेरी दुनिया में भी ऐसी कोई शाम आ जाए

---

1. चाँदी का बदन, 2. श्रम के हाथ, 3. उषा, 4. वंचित, 5. प्रकृति, 6. रंगीन आभा, 7. संस्कार, 8. मृदुलता, मधुरता, 9. चेतना, 10. अंधकार, 11. रसीले होंठ, 12. आक्रमण का विधान, 13. विश्वास की गर्मी, 14. सुन्दर धरती, 15. तृष्णा, प्यास।

•

जब भी चूम लेता हूँ इन हसीन आँखों को
सौ चिराग़ अँधेरे में झिलमिलाने लगते हैं

फूल क्या, शिगूफ़े[1] क्या, चाँद क्या, सितारे क्या,
सब रक़ीब[2] क़दमों पर सर झुकाने लगते हैं

रक़्स करने लगती हैं मूरतें अजन्ता की
मुद्दतों के लबबस्ता[3] ग़ार[4] गाने लगते हैं

फूल खिलने लगते हैं उजड़े-उजड़े गुलशन[5] में
प्यासी-प्यासी धरती पर अब्र[6] छाने लगते हैं

लम्हे भर को ये दुनिया ज़ुल्म छोड़ देती है
लम्हे भर को सब पत्थर मुस्कराने लगते हैं

1. कलियाँ, 2. प्रतिद्वन्द्वी, 3. जिनके होंठ बन्द हों, 4. गुफाएँ, 5. उपवन, 6. बादल।

मकान

आज की रात बहुत गर्म हवा चलती है
आज की रात न फुटपाथ पे नींद आएगी
सब उठो, मैं भी उठूँ, तुम भी उठो, तुम भी उठो
कोई खिड़की इसी दीवार में खुल जाएगी

ये ज़मीं तब भी निगल लेने पे आमादा थी
पाँव जब टूटती शाख़ों से उतारे हमने
इन मकानों को ख़बर है न मकीनों[1] को ख़बर
उन दिनों की जो गुफ़ाओं में गुज़ारे हमने

हाथ ढलते गए साँचे में तो थकते कैसे
नक़्श के बाद नये नक़्श निखारे हमने
की ये दीवार बलंद, और बलंद, और बलंद
बामो-दर[2] और ज़रा और सँवारे हमने

आँधियाँ तोड़ लिया करती थीं शमओं की लवें
जड़ दिए इसलिए बिजली के सितारे हमने
बन गया क़स्र[3] तो पहरे पे कोई बैठ गया
सो रहे ख़ाक पे हम शोरिशे-तामीर[4] लिए

अपनी नस-नस में लिए मेहनते-पैहम[5] की थकन
बन्द आँखों में इसी क़स्र की तस्वीर लिए
दिन पिघलता है इसी तरह सरों पर अब तक
रात आँखों में खटकती है सियह तीर लिए

---

1. मकान में रहने वाले, 2. छत और दरवाज़े, 3. महल, 4. निर्माण का कोलाहल, 5. निरन्तर श्रम।

आज की रात बहुत गर्म हवा चलती है
आज की रात न फ़ुटपाथ पे नींद आएगी
सब उठो, मैं भी उठूँ, तुम भी उठो, तुम भी उठो
कोई खिड़की इसी दीवार में खुल जाएगी

•

इक यही सोज़े-निहाँ[1] कुल मेरा सरमाया है
दोस्तो, मैं किसे ये सोज़े-निहाँ नज़्र करूँ
कोई क़ातिल सरे-मक़्तल[2] नज़र आता ही नहीं
किसको दिल नज़्र करूँ और किसे जाँ नज़्र करूँ

तुम भी महबूब मेरे, तुम भी हो दिलदार मेरे
आशना[3] मुझसे मगर तुम भी नहीं, तुम भी नहीं
ख़त्म है तुम पे मसीहा नफ़सी[4], चारागरी[5]
महमे-दर्दे-जिगर,[6] तुम भी नहीं, तुम भी नहीं

अपनी लाश आप उठाना कोई आसान नहीं
दस्तो-बाज़ू[7] मेरे नाकारा हुए जाते हैं
जिनसे हर दौर में चमकी है तुम्हारी दहलीज़
आज सिज्दे वही आवारा हुए जाते हैं

दूर मंज़िल थी, मगर ऐसी भी कुछ दूर न थी
ले के फिरती रही रस्ते ही में वहशत मुझको
एक ज़ख़्म ऐसा न खाया कि बहार आ जाती
दार[8] तक ले के गया शौक़े-शहादत मुझको

---

1. छुपी हुई तपिश या पीड़ा, 2. वध-स्थल पर 3. परिचित, 4. ईसा-मसीह की साँस का गुण, जो मुर्दे जिला देता था, 5. उपचार, इलाज, 6. जिगर का दर्द जानने वाला, 7. हाथ और भुजाएँ, 8. फाँसी, सूली।

राह में टूट गए पाँव तो मालूम हुआ
जुज़[1] मेरे और मेरा राहनुमा कोई नहीं
एक के बाद ख़ुदा एक चला आता था
कह दिया अक़्ल ने तंग आ के ख़ुदा कोई नहीं

(कम्युनिस्ट इकाई के टूटने पर लिखित)

1. अलावा,

•

मैंने तनहा कभी उसको देखा नहीं
फिर भी जब उसको देखा वो तनहा मिला
जैसे सहरा[1] में चश्मा कहीं
या समन्दर में मीनारे-नूर[2]
या कोई फ़िक्र[3] औहाम[4] में
फ़िक्र सदियों अकेली अकेली रही
ज़ेह्न सदियों अकेला अकेला मिला

और अकेला अकेला भटकता रहा
हर नये हर पुराने ज़माने में वो
बेज़बाँ तीरगी[5] में कभी
और कभी चीख़ती धूप में
चाँदनी में कभी ख़्वाब की
उसकी तक़दीर थी इक मुसलसल तलाश
ख़ुद को ढूँढा किया हर फ़साने में वो

बोझ से अपने उसकी कमर झुक गई
क़द मगर और कुछ और बढ़ता रहा
ख़ैरो-शर[6] की कोई जंग हो
ज़िन्दगी का हो कोई जिहाद
या कोई मारिकः[7] इश्क का
वो हमेशा हुआ सबसे पहले शहीद
सबसे पहले वो सूली पे चढ़ता रहा

---

1. रेगिस्तान, 2. प्रकाश-स्तम्भ, 3. विचार, 4. अन्धविश्वास, भ्रम, 5. अँधेरा, 6. कल्याण और उत्पात, 7. लक्ष्य।

चाँद टूटा पिघल गए तारे
क़तरा-क़तरा टपक रही है रात
पलकें आँखों पे झुकती आती हैं
अँखड़ियों में खटक रही है रात
आज छेड़ो न कोई अफ़साना
आज की रात हमको सोने दो

खुलते जाते हैं सिमटे सिकुड़े जाल
घुलते जाते हैं ख़ून में बादल
अपने गुलनार[1] में पंख फैलाए
आ रहे हैं इसी तरफ़ जंगल
गुल करो शमूअ, रख दो पैमाना
आज की रात हमको सोने दो

शाम से पहले मर चुका था शहर
कौन दरवाज़ा खटखटाता है
और ऊँची करो ये दीवारें
शोर आँगन में आया जाता है
कह दो है आज बन्द मयख़ाना
आज की रात हमको सोने दो

1. अनार के फूल

•

रोज़ बढ़ता हूँ जहाँ से आगे
फिर वहीं लौट के आ जाता हूँ
बारहा तोड़ चुका हूँ जिनको
इन्हीं दीवारों से टकराता हूँ

रोज़ बसते हैं कई शहर नये
रोज़ धरती में समा जाते हैं
ज़लज़लों[1] में थी ज़रा सी गर्मी
वो भी अब रोज़ ही आ जाते हैं

जिस्म से रूह तलक रेत ही रेत
न कहीं धूप, न साया, न सराब[2]
कितने अरमान हैं कि सहरा[3] में
कौन रखता है मज़ारों का हिसाब

नब्ज़ बुझती भी भड़कती भी है
दिल का मामूल[4] है घबराना भी
रात अँधेरे ने अँधेरे से कहा
एक आदत है जिये जाना भी

क़ौस[5] इक रंग की होती है तुलू[6]
एक ही चाल भी पैमाने की
गोशे-गोशे में खड़ी है मस्जिद
शक्ल क्या हो गई मयख़ाने की

---

1. भूकम्पों, 2. मृगतृष्णा, 3. मरुस्थल, 4. स्वाभाविक आचरण, 5. इन्द्रधनुष, 6. उदय।

कोई कहता था समन्दर हूँ मैं
और मेरी जेब में क़तरा भी नहीं
खैरियत अपनी लिखा करता हूँ
अब तो तक़दीर में खतरा भी नहीं

अपने हाथों को पढ़ा करता हूँ
कभी क़ुरआँ, कभी गीता की तरह
चन्द रेखाओं में सीमाओं में
ज़िन्दगी क़ैद है सीता की तरह

राम कब लौटेंगे, मालूम नहीं
काश रावण ही कोई आ जाता

•

और फिर कृष्ण ने अर्जुन से कहा—

न कोई भाई, न बेटा, न भतीजा, न गुरु
एक ही शक्ल उभरती है हर आईने में
आत्मा मरती नहीं, जिस्म बदल लेती है
धड़कन इस सीने की जा छुपती है उस सीने में

जिस्म लेते हैं जनम, जिस्म फ़ना होते हैं
और जो इक रोज़ फ़ना होगा, वो पैदा होगा
इक कड़ी टूटती है, दूसरी बन जाती है
ख़त्म ये सिलसिला-ए-ज़िन्दगी फिर क्या होगा

रिश्ते सौ, जज़्बे भी सौ, चेहरे भी सौ होते हैं
फ़र्ज़ सौ चेहरों में शक्ल अपनी ही पहचानता है
वही महबूब, वही दोस्त, वही एक अज़ीज़
दिल जिसे इश्क़ और इदराक़[1] अमल[2] मानता है

ज़िन्दगी सिर्फ़ अमल, सिर्फ़ अमल, सिर्फ़ अमल
और ये बेदर्द अमल सुलह भी है जंग भी है
अम्न की मोहिनी तस्वीर में हैं जितने रंग
उन्हीं रंगों में छुपा खून का इक रंग भी है

ख़ौफ़ के रूप कई होते हैं, अन्दाज़ कई
प्यार समझा है जिसे, ख़ौफ़ है वो, प्यार नहीं
उँगलियाँ और गड़ा, और जकड़, और जकड़
आज महबूब का बाज़ू है ये तलवार नहीं

---

1. ज्ञान, 2. कर्म।

जंग रहमत है कि लानत, ये सवाल अब न उठा
जंग जब आ ही गई सर पे तो रहमत होगी
दूर से देख न भड़के हुए शोलों का जलाल
इसी दोज़ख़ के किसी कोने में जन्नत होगी

ज़ख़्म खा, ज़ख़्म लगा, ज़ख़्म हैं किस गिनती में
फ़र्ज़ ज़ख्मों को भी चुन लेता है फूलों की तरह
न कोई रंज, न राहत, न सिले की परवा
पाक हर गर्द से रख दिल को रसूलों की तरह

ये पड़ोसी जो मुहब्बत का चलन भूल गए
इनमें भाई भी हैं, बेटे भी हैं, अहबाब भी हैं
जानते हैं सभी कुछ नहीं हथियार मगर
हमसे लड़-मरने को तैयार भी, बेताब भी हैं

हमने चाहा था रहें साथ दिलो-जाँ की तरह
वो मगर इसको सियासत ही सियासत समझे
हमने चाहा था अलग हो के भी नज़दीक रहें
वो मगर इसको कोई ताज़ा शरारत समझे

हमने चाहा था लड़ाई न छिड़े, जंग न हो
वो समझ बैठे कमज़ोर हैं, लाचार हैं हम
हमने चाहा था मुहब्बत से चुका लें झगड़े
वो समझ बैठे मफ़लूज[1] हैं, बेकार हैं हम

कितनी तारीक़[2] समझ, कितना गिराँ-ख़ाब[3] ज़मीर
कि जगाना कोई चाहे तो जगाए न बने
असलहे[4] सिर पे उठाए हुए यों फिरते हैं
कोई पूछे कि ये क्या है तो छुपाए न बने

1. अपंग, अपाहिज, 2. अन्धकारमय, 3. गहरी नींद सोया हुआ, 4. अस्त्र-शस्त्र।

हम अहिंसा के पुजारी सही, दीवाने सही
जंग होती है फ़क़त जंग के ऐलान के बाद
हाथ भी उनसे मिलें, दिल भी मिलें, नज़रें भी
अब ये अरमान हैं सब फ़तह के अरमान के बाद

साथियो, दोस्तो, हम आज के अर्जुन ही हैं
हमसे भी कृष्ण यही कहते हैं—

●

तुम परेशान न हो, बाबे-करम[1] वा[2] न करो
और कुछ देर पुकारूँगा, चला जाऊँगा
इसी कूचे में जहाँ चाँद उगा करते हैं
शबे-तारीक़[3] गुज़ारूँगा, चला जाऊँगा

रास्ता भूल गया या यही मंज़िल है मेरी
कोई लाया है कि ख़ुद आया हूँ मालूम नहीं
कहते हैं हुस्न की नज़रें भी हसीं होती हैं
मैं भी कुछ लाया हूँ, क्या लाया हूँ मालूम नहीं

यूँ तो जो कुछ था मेरे पास मैं सब बेच आया
कहीं इनाम मिला, और कहीं क़ीमत भी नहीं
कुछ तुम्हारे लिए आँखों में छुपा रक्खा है
देख लो और न देखो तो शिकायत भी नहीं

एक तो इतनी हसीं, दूसरे ये आराइश[4]
जो नज़र पड़ती है चेहरे पे ठहर जाती है
मुस्करा देती हो रस्मन भी अगर महफ़िल में
इक धनक टूट के सीनों में बिखर जाती है

गर्म बोसों से तराशा हुआ नाज़ुक पैकर[5]
जिसकी इक आँच से हर रूह पिघल जाती है
मैंने सोचा है तो सब सोचते होंगे शायद
प्यास इस तरह भी क्या साँचे में ढल जाती है

---

1. कृपा-द्वार, 2. खोलना, 3. अँधेरी रात, 4. सजावट, 5. शरीर, बदन।

क्या कमी है जो करोगी मेरा नज़राना क़बूल
चाहने वाले बहुत, चाह के अफ़साने बहुत
एक ही रात सही गर्मी-ए-हंगाम-ए-इश्क़[1]
एक ही रात में जल मरते हैं परवाने बहुत

फिर भी एक रात में सौ तरह के मोड़ आते हैं
काश तुमको कभी तनहाई का एहसास न हो
काश ऐसा न हो घेरे रहे दुनिया तुमको
और इस तरह कि जिस तरह कोई पास न हो

आज की रात जो मेरी ही तरह तनहा है
मैं किसी तरह गुज़ारूँगा, चला जाऊँगा
तुम परेशान न हो, बाबे-करम वा न करो
और कुछ देर पुकारूँगा, चला जाऊँगा

---

1. इश्क़ के हंगामे की गर्मी।

•

आईना तोड़ दिया,
तोड़ दिया, तोड़ दिया
शक्ल एक बार ज़रा देख तो लो
देखो, अब कैसी नज़र आती हो
फिर वही आँखों में रंग आता है
या झिझक जाती हो, डर जाती हो

इसी आईने में देखा था वो हुस्न
जिसका दुश्वार यक़ीं होता है
और पूछा था बड़े नाज़ के साथ
कोई इतना भी हसीं होता है

इसमें आईने की खूबी तो नहीं
हुस्न जब था तो नज़र आया था
पा चुकी थी तुम्हें दुनिया लेकिन
तुमने अपने को कहाँ पाया था

और जब अपने को पाया तुमने
जाने आईने को क्यों तोड़ दिया
हादसा ये भी नहीं है लेकिन
देखना अपने को क्यों छोड़ दिया

शक्ल एक बार ज़रा देख तो लो
देखो, अब कैसी नज़र आती हो

•

बस एक झिझक है यही हाले-दिल सुनाने में
कि तेरा ज़िक्र भी आएगा इस फ़साने में

बरस पड़ी थी जो रुख़ से नक़ाब उठाने में
वो चाँदनी है अभी तक ग़रीबख़ाने में

उसी में इश्क़ की क़िस्मत बदल भी सकती थी
जो वक़्त बीत गया मुझको आज़माने में

ये कह के टूट गया शाख़े-गुल से आखिरी फूल
अब और देर है कितनी बहार आने में

•

सुना करो मेरी जाँ इनसे उनके अफ़साने
सब अजनबी हैं यहाँ कौन किसको पहचाने

यहाँ से जल्द गुज़र जाओ क़ाफ़िले वालो !
हैं मेरी प्यास के फूके हुए ये वीराने

मेरे जुनूने-परस्तिश[1] से तंग आ गए लोग
सुना है बन्द किए जा रहे हैं बुतखाने

जहाँ से पिछले पहर कोई तश्नाकाम[2] उठा
वहीं पे तोड़े हैं यारों ने आज पैमाने

बहार आए तो मेरा सलाम कह देना
मुझे तो आज तलब कर लिया है सहरा[3] ने

हुआ है हुक्म कि 'कैफ़ी' को संगसार[4] करो
मसीह[5] बैठे हैं छुप के कहाँ, खुदा जाने

---

1. उपासना का उन्माद, 2. प्यासा, 3. मरुस्थल, 4. पत्थर से मारना, 5. ईसा, जिन्होंने आदेश दिया था कि पहला पत्थर वह मारे जिसने स्वयं कोई पाप न किया हो।

•

प्यार का जश्न नयी तरह मनाना होगा
ग़म किसी दिल में सही, ग़म को मिटाना होगा

काँपते होंठों पे पैमाने-वफ़ा[1], क्या कहना
तुझको लाई है कहाँ लग्ज़िशे-पा[2], क्या कहना
मेरे घर में तेरे मुखड़े की ज़िया[3], क्या कहना
आज हर घर का दिया मुझको जलाना होगा

रूह चेहरों पे धुआँ देख के शरमाती है
झेंपी-झेंपी सी मेरे लब पे हँसी आती है
तेरे मिलने की खुशी दर्द बनी जाती है
हमको हँसना है तो औरों को हँसाना होगा

सोई-सोई हुई आँखों में छलकते हुए जाम
खोई-खोई हुई नज़रों में मुहब्बत का पयाम
लबे-शीरीं[4] पे मेरी तिश्नालबी[5] का इनाम
जाने इनाम मिलेगा कि चुराना होगा

मेरी गर्दन में तेरी सन्दली बाँहों का ये हार
अभी आँसू थे इन आँखों में अभी इतना ख़ुमार
मैं न कहता था मेरे घर में भी आएगी बहार
शर्त इतनी थी कि पहले तुझे आना होगा

---

1. वफ़ा का वादा, 2. पैरों की लड़खड़ाहट, 3. ज्योति, चमक, 4. मीठे होंठ, 5. होंठों की प्यास।

ऐ हमा-रंग[1], हमा-नूर[2], हमा-सोज़ो-गुदाज़[3]
बज़्मे-महताब[4] से आने की ज़रूरत क्या थी
तू जहाँ थी उसी जन्नत में निखरता तिरा रूप
इस जहन्नुम को बसाने की ज़रूरत क्या थी

ये ख़दो-ख़ाल[5] ये ख़ाबों से तराशा हुआ जिस्म
और दिल जिस पे ख़दो-ख़ाल की नर्मी भी निसार
ख़ार[6] ही ख़ार, शरारे[7] ही शरारे हैं यहाँ
और थम-थम के उठा पाँव बहारों की बहार

तश्नगी[8] ज़हर भी पी जाती है अमृत की तरह
जाने किस जाम पे रुक जाए निगाहे-मासूम
डूबते देखा है जिन आँखों में मयख़ाना भी
प्यास उन आँखों की बुझे या न बुझे क्या मालूम

हैं सभी हुस्न-परस्त अह्ले-नज़र[9] साहबे-दिल[10]
कोई घर में, कोई महफ़िल में सजाएगा तुझे
तू फ़क़त जिस्म नहीं, शेर भी है, गीत भी है
कौन अश्कों की घनी छाँव में गाएगा तुझे

तुझसे इक दर्द का रिश्ता भी है, बस प्यार नहीं
अपने आँचल पे मुझे अश्क बहा लेने दे
तू जहाँ जाती है जा, रोकने वाला मैं कौन
रस्ते-रस्ते में मगर शमूअ जला लेने दे

---

1. समस्त रंग, 2. समस्त ज्योति, 3. समस्त कोमलता और तपिश, 4. चन्द्रसभा, 5. गाल और तिल, 6. काँटा, 7. चिंगारी, 8. प्यास, 9. दृष्टि वाले, 10. दिल वाले।

•

ख़ारो-ख़स[1] तो उठें, रास्ता तो चले
मैं अगर थक गया, क़ाफ़िला तो चले

चाँद-सूरज बुज़ुर्गों के नक़्शे-क़दम
ख़ैर बुझने दो इनको, हवा तो चले

हाकिमे-शहर, ये भी कोई शहर है
मस्जिदें बन्द हैं, मयक़दा तो चले

इसको मज़हब कहो या सियासत कहो
ख़ुदकुशी का हुनर तुम सिखा तो चले

इतनी लाशें मैं कैसे उठा पाऊँगा
आप ईंटों की हुरमत बचा तो चले

बेलचे लाओ, खोलो ज़मीं की तहें
मैं कहाँ दफ़्न हूँ, कुछ पता तो चले

---

1. झाड़-झंखाड़।

•

कभी जमूद[1] कभी सिर्फ़ इन्तशार[2]-सा है
जहाँ को अपनी तबाही का इन्तज़ार-सा है
मनु की मछली, न कश्ती ए-नूह और ये फ़ज़ा
कि क़तरे-क़तरे में तूफ़ान बेक़रार-सा है

मैं किसको अपने गरेबाँ का चाक दिखलाऊँ
कि आज दामने-यज़्दाँ[3] भी तार-तार-सा है
सजा-सँवार के जिसको हज़ार नाज़ किए
उसी पे ख़ालिक़े-कोनैन[4] शर्मसार-सा[5] है

तमाम जिस्म है बेदार,[6] फ़िक्र ख़ाबीदा[7]
दिमाग़ पिछले ज़माने की यादगार-सा है
सब अपने पाँव पे रख-रख के पाँव चलते हैं
ख़ुद अपने दोश[8] पे हर आदमी सवार-सा है

जिसे पुकारिए मिलता है इक खँडहर से जवाब
जिसे भी देखिए माज़ी[9] का इश्तहार-सा है
हुई तो कैसे बियावाँ में आके शाम हुई
कि जो मज़ार यहाँ है मेरा मज़ार-सा है

कोई तो सूद चुकाए, कोई तो ज़िम्मा ले
उस इन्क़लाब का, जो आज तक उधार-सा है

---

1. गतिरोध, 2. बिखराब, अस्त-व्यस्त होना, 3. ख़ुदा का दामन, 4. सृष्टि का विधाता, 5. लज्जित-सा, 6. ज़ागा हुआ, 7. सोई हुई, 8. कंधा, 9. अतीत।

•

लाई फिर इक लग़्ज़िशे-मस्ताना[1] तेरे शहर में
फिर बनेंगी मस्जिदें मयख़ाना तेरे शहर में

आज फिर टूटेंगी तेरे घर की नाजुक खिड़कियाँ
आज फिर देखा गया दीवाना तेरे शहर में

जुर्म है तेरी गली से सर झुकाकर लौटना
कुफ़्र है पथराव से घबराना तेरे शहर में

शाहनामे लिक्खे हैं खँडरात की हर ईंट पर
हर जगह है दफ़्न इक अफ़साना तेरे शहर में

कुछ कनीज़ें जो हरीमे-नाज़[2] में हैं बारयाब[3]
माँगती हैं जानो-दिल नज़्राना तेरे शहर में

नंगी सड़कों पर भटककर देख, जब मरती है रात
रेंगता है हर तरफ़ वीराना तेरे शहर में

1. मादक लड़खड़ाहट, 2. प्रेमिका का घर, 3. जिसे प्रवेश मिल गया हो।

•

ज़िन्दगी नाम है कुछ लम्हों का
और उनमें भी वही इक लम्हा
जिसमें दो बोलती आँखें

चाय की प्याली से जब उट्ठें
तो दिल में डूबें
डूब के दिल में कहें

आज तुम कुछ न कहो
आज मैं कुछ न कहूँ
बस यूँ ही बैठे रहो

हाथ में हाथ लिए
ग़म की सौग़ात लिए
गर्मी-ए-जज़्बात लिए

कौन जाने कि इसी लम्हे में
दूर परबत पे कहीं
बर्फ़ पिघलने ही लगे

•

अब और क्या तेरा बीमार बाप देगा तुझे
बस इक दुआ कि ख़ुदा तुझको कामयाब करे
वह टाँक दे तेरे आँचल में चाँद और तारे
तू अपने वास्ते जिसको भी इंतख़ाब[1] करे

(शबाना के जन्मदिन पर लिखित 18 सितम्बर, 1974, मास्को)

---

1. पसन्द, वरण।

•

एक-दो भी नहीं छब्बीस दिए
एक-इक करके जलाए मैंने

इक दिया नाम का आज़ादी के
उसने जलते हुए होटों से कहा
चाहे जिस मुल्क से गेहूँ माँगो
हाथ फैलाने की आज़ादी है

इक दिया नाम का ख़ुशहाली के
उसके जलते ही यह मालूम हुआ
कितनी बदहाली है
पेट ख़ाली है मेरा, जेब मेरी ख़ाली है

इक दिया नाम का यकजहती[1] के
रोशनी उसकी जहाँ तक पहुँची
क़ौम को लड़ते-झगड़ते देखा
माँ के आँचल में हैं जितने पैबन्द
सबको इक साथ उधड़ते देखा

दूर से बीवी ने झल्ला के कहा
तेल महँगा भी है, मिलता भी नहीं
क्यों दिए इतने जला रक्खे हैं
अपने घर में न झरोखा न मुँडेर
ताक़ सपनों के सजा रक्खे हैं

---

1. एकता।

आया गुस्से का इक ऐसा झोंका
बुझ गए सारे दिए
हाँ, मगर एक दिया नाम है जिसका उम्मीद
झिलमिलाता ही चला जाता है !

(26 जनवरी, 1974)

•

मैं ढूँढ़ता हूँ जिसे वह जहाँ नहीं मिलता
नयी ज़मीन नया आसमाँ नहीं मिलता

नयी ज़मीन नया आसमाँ भी मिल जाए
नये बशर[1] का कहीं कुछ निशाँ नहीं मिलता

वह तेग़ मिल गई जिससे हुआ है क़त्ल मेरा
किसी के हाथ का उस पर निशाँ नहीं मिलता

वह मेरा गाँव है वो मेरे गाँव के चूल्हे
कि जिनमें शोले तो शोले, धुआँ नहीं मिलता

जो इक ख़ुदा नहीं मिलता तो इतना मातम क्यों
यहाँ तो कोई मेरा हमज़बाँ नहीं मिलता

खड़ा हूँ कब से मैं चेहरों के एक जंगल में
तुम्हारे चेहरे का कुछ भी यहाँ नहीं मिलता

(मास्को, सितम्बर 1974)

बहरूपनी

एक गर्दन पे सैकड़ों चेहरे
और हर चेहरे पर हज़ारों दाग़
और हर दाग़ बन्द दरवाज़ा
रौशनी उन से आ नहीं सकती
रौशनी उन से जा नहीं सकती

तंग सीना है हौज़ मस्जिद का
दिल वो दोना पुजारियों के बाद
चाटते रहते हैं जिसे कुत्ते
कुत्ते दोना जो चाट लेते हैं
देवताओं को काट लेते हैं
जाने किस कोख ने जना उसको
जाने किस सहन में जवान हुई
जाने किस देस से चली कमबख़्त
वैसे यह हर ज़बान बोलती है
ज़ख़्म खिड़की की तरह खोलती है
और कहती है झाँक कर दिल में
तेरा मज़हब, तेरा अज़ीम ख़ुदा
तेरी तहज़ीब के हसीन सनम
सबको ख़तरे ने आज घेरा है
बाद उनके जहाँ अँधेरा है

सर्द हो जाता है लहू मेरा
बन्द हो जाती हैं खुली आँखें
ऐसा लगता है जैसे दुनिया में
सभी दुश्मन हैं, कोई दोस्त नहीं

मुझको ज़िन्दा निगल रही है ज़मीं
ऐसा लगता है राक्षस कोई
एक गागर कमर में लटकाकर
आसमाँ पर चढ़ेगा आख़िर शब[1]
नूर सारा निचोड़ लायेगा
मेरे तारे भी तोड़ लायेगा।
यह जो धरती का फट गया सीना
और बाहर निकल पड़े हैं जुलूस
मुझसे कहते हैं तुम हमारे हो
मैं अगर इनका हूँ तो मैं क्या हूँ
मैं किसी का नहीं हूँ, अपना हूँ

मुझको तन्हाई ने दिया है जनम
मेरा सब कुछ अकेलेपन से है
कौन पूछेगा मुझको मेले में
साथ जिस दिन क़दम बढ़ाऊँगा
चाल मैं अपनी भूल जाऊँगा

यह और ऐसे ही चन्द और सवाल
ढूँढ़ने पर भी आज तक मुझको
जिनके माँ बाप का मिला न सुराग़
ज़ेहन में यह उँड़ेल देती है
मुझको मुट्ठी में भींच लेती है

चाहता हूँ कि क़त्ल कर दूँ इसे
वार लेकिन जब इस पे करता हूँ
मेरे सीने पे ज़ख़्म उभरते हैं
मेरे माथे से ख़ूँ टपकता है
जाने क्या मेरा उसका रिश्ता है

1. अन्तिम रात्रि।

आँधियों में अज़ान दी मैंने
संख फूँका अँधेरी रातों में
घर के बाहर सलीब लटकाई
एक एक दर से इसको ठुकराया

शहर से दूर जा के फैंक आया
और ऐलान कर दिया कि उठो
बर्फ़ सी जम गई है सीनों पर
गर्म बोसों से इसको पिघला दो
कर लो जो भी गुनाह वो कम है
आज की रात जश्न-ए-आदम है

यह मेरी आस्तीन से निकली
रख दिया दौड़ के चराग़ पे हाथ
मल दिया फिर अँधेरा चेहरे पर
होंट से दिल की बात लौट गयी
दर तक आ के बरात लौट गयी

इसने मुझको अलग बुला के कहा
आज की ज़िन्दगी का नाम है ख़ौफ़
ख़ौफ़ ही वो ज़मीन है जिसमें
फ़िर्क़े उगते हैं, फ़िर्क़े पलते हैं
धारे सागर से कट के चलते हैं

ख़ौफ़ जब तक दिलों में बाक़ी है
सिर्फ़ चेहरा बदलते रहना है
सिर्फ़ लहज़ा बदलते रहना है
कोई मुझको मिटा नहीं सकता
जश्न-ए-आदम मना नहीं सकता

•

वक़्त ने किया क्या हसीं सितम
तुम रहे न तुम, हम रहे न हम

बेक़रार दिल इस तरह मिले
जिस तरह कभी हम जुदा न थे
तुम भी खो गए, हम भी खो गए
एक राह पर चल के दो क़दम

वक़्त ने किया...

जाएँगे कहाँ, सूझता नहीं
चल पड़े मगर, रास्ता नहीं
क्या तलाश है, कुछ पता नहीं
बुन रहे हैं दिल ख़्वाब दम-ब-दम

वक़्त ने किया...

(फिल्म 'कागज के फूल')

•

जाने क्या ढूँढ़ती रहती हैं ये आँखें मुझमें
राख के ढेर में शोला है न चिनगारी है

अब न वो प्यार, न उस प्यार की यादें बाक़ी
आग यूँ दिल में लगी, कुछ न रहा, कुछ न बचा
जिसकी तस्वीर निगाहों में लिए बैठी हो
मैं वह दिलदार नहीं, उसकी हूँ ख़ामोश चिता
जाने क्या ढूँढ़ती रहती हैं...

ज़िंदगी हँस के गुज़रती तो बहुत अच्छा था
ख़ैर, हँस के न सही रोके गुज़र जाएगी
राख बरबाद मुहब्बत की बचा रखी है।
बार-बार उसको जो छेड़ा तो बिखर जाएगी
जाने क्या ढूँढ़ती रहती हैं...

आरज़ू जुर्म, वफ़ा जुर्म, तमन्ना है गुनाह
यह वो दुनिया है जहाँ प्यार नहीं हो सकता
कैसे बाज़ार का दस्तूर तुझे समझाऊँ
बिक गया जो वो ख़रीदार नहीं हो सकता
जाने क्या ढूँढ़ती रहती हैं...

(फिल्म 'शोला और शबनम')

•

ये दुनिया, ये महफ़िल, मेरे काम की नहीं

किसको सुनाऊँ हाल दिले-बेक़रार का
बुझता हुआ चराग़ हूँ अपने मज़ार का
ऐ काश, भूल जाऊँ मगर भूलता नहीं
किस धूम से उठा था जनाज़ा बहार का
ये दुनिया, ये महफ़िल मेरे काम की नहीं

अपना पता मिले न ख़बर यार की मिले
दुश्मन को भी न ऐसी सज़ा प्यार की मिले
उनको ख़ुदा मिले, है ख़ुदा की जिन्हें तलाश
मुझको बस इक झलक मेरे दिलदार की मिले
ये दुनिया, ये महफ़िल...

सहरा में आ के भी मुझको ठिकाना न मिला
ग़म को भुलाने का कोई बहाना न मिला
दिल तरसे जिसमें प्यार को, क्या समझूँ उस संसार को
इक जीती बाज़ी हार के मैं ढूँढूँ-बिछड़े यार को
ये दुनिया, ये महफ़िल...

दूर निगाहों से आँसू बहाता है कोई
कैसे न जाऊँ मैं, मुझको बुलाता है कोई
या टूटे दिल को जोड़ दो या सारे बन्धन तोड़ दो
ऐ परबत, रस्ता दे मुझे, ऐ काँटो दामन छोड़ दो
ये दुनिया, ये महफ़िल...

(फिल्म 'हीर राँझा')

बदल जाए अगर माली
चमन होता नहीं ख़ाली
बहारें फिर भी आती हैं
बहारें फिर भी आएँगी
बदल जाए...

थकन कैसी, घुटन कैसी
चल अपनी धुन में दीवाने
खिला ले फूल काँटों में
सजा ले अपने वीराने
हवाएँ आग भड़काएँ
फ़ज़ाएँ ज़हर बरसाएँ
बहारें फिर भी...

अँधेरे क्या, उजाले क्या
न ये अपने, न वो अपने
तेरे काम आएँगे प्यारे
तेरे अरमाँ तेरे सपने
ज़माना तुझ से हो बरहम[1]
न आएं राह पर मौसम
बहारें फिर भी...

(फिल्म 'बहारे फिर भी आएँगी')

1. नाराज़

•

इंसाफ़ तेरा देखा, ऐ साक़िए-मैख़ाना
हम बैठे रहे प्यासे, छलका किया पैमाना

हम तज़करा करते थे, दुनिया की जफ़ाओं[1] का
क्यों तुमने नज़र बदली, क्यों कह दिया दीवाना

ख़ुद ओढ़ लिया हमने, इल्ज़ाम मुहब्बत का
देखा न गया हमसे, उन आँखों का शरमाना

काफ़ी है तअर्रुफ़ यह, ऐ शम्ए-सरे-महफ़िल[2]
है काम मेरा जलना और नाम है परवाना

(फ़िल्म 'शमा')

---

1. बेवफ़ाई, 2. महफ़िल में जलती हुई शमा

●

दिले-नादाँ को सँभालूँ तो चले जाइएगा
इक ज़रा होश में आ लूँ तो चले जाइएगा

अभी राहों में अँधेरा ही अँधेरा होगा
और अँधेरों में छुपा कोई लुटेरा होगा
हर तरफ़ दीप जला लूँ तो चले जाइएगा

जान-पहचान, मुलाक़ात हुई, ख़ूब हुआ
मेरी दुनिया में नई बात हुई, ख़ूब हुआ
बात से बात बना लूँ तो चले जाइएगा

रोक लूँ आपको दिल में, नहीं अरमाँ ऐसे
मेरी दुनिया में कहाँ आए हैं मेहमाँ ऐसे
अपनी दुनिया को सजा लूँ तो चले जाइएगा

(फ़िल्म 'फ़रार')

तुम इतना जो मुस्कुरा रहे हो
क्या ग़म है जिसको छुपा रहे हो
तुम इतना...

आँखों में नमी हँसी लबों पर
क्या हाल है क्या दिखा रहे हो
क्या ग़म है....

बन जाएँगे ज़हर पीते-पीते
ये अश्क जो पीते जा रहे हो
क्या ग़म है...

जिन ज़ख़्मों का वक़्त भर चला है
तुम क्यों उन्हें छेड़े जा रहे हो
क्या ग़म है...

रेखाओं का खेल है मुक़द्दर
रेखाओं से मात खा रहे हो
क्या ग़म है...

(फिल्म 'अर्थ')

•

मिले न फूल तो काँटों से दोस्ती कर ली
किसी तरह से बसर हमने ज़िंदगी कर ली

अब आगे जो भी हो अंजाम देखा जाएगा
ख़ुदा तलाश लिया और बंदगी कर ली

नज़र मिली भी न थी और उनको देख लिया
ज़ुबाँ खुली भी न थी और बात भी कर ली

वो जिनको प्यार है चाँदी से, इश्क़ सोने से
वही कहेंगे कभी हमने ख़ुदकशी कर ली

(फिल्म 'अनोखी रात')

मेरी आवाज़ सुनो, प्यार का राज़ सुनो

मैंने इक फूल जो सीने पे सजा रक्खा था
उसके परदे में तुम्हें दिल से लगा रक्खा था
था जुदा सबसे मेरे इश्क़ का अंदाज़ सुनो
मेरी आवाज़ सुनो, प्यार का राज़ सुनो

ज़िंदगी-भर मुझे नफ़रत-सी रही अश्कों से
मेरे ख़्वाबों को तुम अश्कों में डुबोते क्यों हो
हो जो मेरी तरह जिया करते हैं, कब मरते हैं
थक गया हूँ, मुझे सो लेने दो, रोते क्यों हो
सोके भी जागते ही रहते हैं, जाँबाज़, सुनो
मेरी आवाज़ सुनो, प्यार का राज़ सुनो

मेरी दुनिया में न पूरब है, न पच्छिम कोई
सारे इनसान सिमट आए खुली बाँहों में
कल भटकता था मैं जिन राहों में तनहा-तनहा
क़ाफ़िले कितने मिले आज उन्हीं राहों में
और सब निकले मेरे हमदर्द-ओ-हमराज़ सुनो
मेरी आवाज़ सुनो, प्यार का राज़ सुनो

नौनिहाल आते हैं, अर्थी को किनारे कर लो
मैं जहाँ था, इन्हें जाना है वहाँ से आगे
आसमाँ इनका, ज़मीं इनकी, ज़माना इनका
हैं कई इनके जहाँ मेरे जहाँ से आगे
इन्हें कलियाँ न कहो, ये हैं चमनसाज़, सुनो
मेरी आवाज़ सुनो, प्यार का राज़ सुनो

क्यों सँवारी है यह चंदन की चिता मेरे लिए
मैं कोई जिस्म नहीं हूँ कि जला दोगे मुझे
राख के साथ बिखर जाऊँगा मैं दुनिया में
तुम जहाँ खाओगे ठोकर, वहीं पाओगे मुझे
हर क़दम पर है नए मोड़ का आग़ाज़, सुनो
मेरी आवाज़ सुनो, प्यार का राज़ सुनो

(फिल्म 'नौनिहाल')